佛山市南海区教育综合改革丛书

本书系南海区教育综合改革丛书，以广东省佛山市南海区特色学校建设

区域整体推进特色学校建设的机制与路径，辅以大量特色学校建设案例，为学校特色建设提供

参照与借鉴

区域基础教育优质均衡发展新路径

特色学校建设的南海实践

郑兰桢 / 主编

辽宁大学出版社
Liaoning University Press

图书在版编目（CIP）数据

　　区域基础教育优质均衡发展新路径：特色学校建设
的南海实践/郑兰桢主编. —沈阳：辽宁大学出版社，
2021.11

　　（名师名校名校长书系）

　　ISBN 978-7-5698-0492-8

　　Ⅰ.①区… Ⅱ.①郑… Ⅲ.①学校管理－研究－南海
区 Ⅳ.①G527.654

中国版本图书馆 CIP 数据核字（2021）第 157662 号

区域基础教育优质均衡发展新路径：特色学校建设的南海实践
QUYU JICHU JIAOYU YOUZHI JUNHENG FAZHAN XIN LUJING: TESE XUEXIAO JIANSHE DE NANHAI SHIJIAN

出　版　者：辽宁大学出版社有限责任公司
　　　　　　（地址：沈阳市皇姑区崇山中路 66 号　　邮政编码：110036）
印　刷　者：北京米乐印刷有限公司
发　行　者：辽宁大学出版社有限责任公司
幅面尺寸：170mm×240mm
印　　张：11.5
字　　数：180 千字
出版时间：2022 年 4 月第 1 版
印刷时间：2022 年 4 月第 1 次印刷
责任编辑：李珊珊
封面设计：徐澄玥
责任校对：杨　蕊

书　　号：ISBN 978-7-5698-0492-8
定　　价：45.00 元

联系电话：024-86864613
邮购热线：024-86830665
网　　址：http://press.lnu.edu.cn
电子邮件：lnupress@vip.163.com

编　委　会

目 录
CONTENTS

第四章
优术：开辟特色学校建设的南海之路

第五章
立器：推进特色学校建设的南海案例

第六章
成效与反思

①

第一章

取势：特色学校促区域基础教育优质均衡的时代趋势

第一节　基础教育优质均衡：
教育发展的必然要求

党的十九大从新时代坚持和发展中国特色社会主义的战略高度，作出了优先发展教育事业、加快教育现代化、建设教育强国的重大部署。教育是民族振兴、社会进步的重要基石，是功在当代、利在千秋的德政工程，对提高人民综合素质、促进人的全面发展、增强中华民族创新创造活力、实现中华民族伟大复兴具有决定性意义。教育是国之大计、党之大计。

进入新时代，我国基础教育已经迈入全面提高质量的新阶段，要求引导全社会树立科学教育质量观，全面贯彻党的教育方针，落实立德树人根本任务，为培养德智体美劳全面发展的社会主义建设者和接班人提供有力支撑。

推动基础教育优质均衡发展，是教育行政部门关注的焦点，也是教育公平的内在要求，更是人民日益增长的对美好生活需要的重要组成部分。

一、教育优质均衡发展是国家强力推进的教育政策

2002年，《教育部关于加强基础教育办学管理若干问题的通知》中指出，要"积极推进义务教育阶段学校均衡发展"，这是首次从政策层面对义务教育发展的重要定位。2005年，教育部颁布的《关于进一步推进义务教育均衡发展的若干意见》中指出，各级教育行政部门要充分认识推进义务教育均衡发展在构建社会主义和谐社会中的重要作用，把这项工作作为实现"两基"之后义务教育发展的一项重要任务，纳入到当地教育改革与发展的总体规划中。2006年

修订通过的《中华人民共和国义务教育法》进一步对地方政府的主要职责做出规定：国务院和县级以上地方人民政府应当合理配置教育资源，促进义务教育均衡发展。2010年，《教育部关于贯彻落实科学发展观进一步推进义务教育均衡发展的意见》中指出，把均衡发展作为义务教育的重中之重。《国家中长期教育改革和发展规划纲要（2010—2020年）》（以下简称《教育规划纲要》）中指出，"均衡发展是义务教育的战略性任务"。2012年2月，教育部印发的《县域义务教育均衡发展督导评估暂行办法》中，决定建立县域义务教育均衡发展督导评估制度。

2015年，党的十八届五中全会通过了《中共中央关于制定国民经济和社会发展第十三个五年规划的建议》，明确指出"十三五"时期是全面建成小康社会的决胜阶段，并把"提高教育质量"确立为"十三五"期间教育发展的主题。进而指出，进一步扩大优质教育资源覆盖面，满足广大人民群众"上好学"的现实需求，已经成为各级政府推进义务教育均衡发展的重要任务。2016年颁布的《国务院关于统筹推进县域内城乡义务教育一体化改革发展的若干意见》中指出，提高质量，公平共享；把立德树人作为根本任务，把均衡发展和品质提升作为重要抓手，积极培育和践行社会主义核心价值观，促进教育公平，使城乡学生共享有质量的教育。2017年，教育部印发《县域义务教育优质均衡发展督导评估办法》，以引导各地将义务教育均衡发展向着更高水平推进，全面提高义务教育质量。2019年，中共中央、国务院印发的《关于深化教育教学改革全面提高义务教育质量的意见》中指出，实施义务教育质量提升工程，促进县域义务教育从基本均衡向优质均衡发展。2020年，中共中央、国务院印发《深化新时代教育评价改革总体方案》，要求改进中小学校评价，促进义务教育优质均衡发展。2021年，教育部、中央组织部、中央编办、国家发展和改革委员会、财政部、人力资源和社会保障部六个部门联合印发的《义务教育质量评价指南》中指出，县域义务教育质量评价主要包括价值导向、组织领导、教学条件、教师队伍、均衡发展五个方面重点内容，旨在促进地方党委政府坚持社会主义办学方向，加强对义务教育工作的领导，履行义务教育职责，促进县域义务教育优质均衡发展。

二、教育优质均衡发展是缩小城乡教育差距，实现教育公平的有效途径

教育是公共产品，其本质属性决定了教育公平既是确保教育事业长远发展的必然要求，也是作为社会公平与民主的价值追求。推动教育均衡发展体现了教育公平的基本理念，符合教育发展的基本规律和基本特性。推动教育优质均衡发展，目的是追求更高水平的教育质量和教育成果，理应得到政府和社会的广泛关注和高度重视。

在新中国成立发展建设初期，城乡结构不合理的现象突出，城市教育始终是处于优先考虑与发展的地位，而农村教育则属于相对附属的次要地位。加上我国人口众多、地域广阔、各地区经济文化发展极不平衡，进一步拉大了城乡教育差距。多年来，国家就缩小城乡教育差距问题做了大量实践探索。城乡教育差距大的原因大致可分为两类：一是教育系统外部原因，包括城乡二元结构、城乡经济差异[1]、社会"城市偏好"[2]等；二是教育系统内部原因，包括学校办学条件、生源、教育政策和制度保障[3]等。而教育优质均衡发展中"均衡"的具体表现是，基础教育阶段的教育资源在不同地区、各级各类教育之间得到公平、合理的分配，即缩小区域之间、各级各类学校在基础教育阶段发展水平的差异，从而使基础教育不仅迈入区域和谐发展的境界，同时使不同区域、不同学校之间形成相互促进、共同进步的互助合作关系。这种城乡教育一体化发展的思路是缩小城乡教育差距，实现教育公平的有效途径。

三、教育优质均衡发展是办好人民满意教育的现实要求

党的十九大报告指出："中国特色社会主义进入新时代，我国社会的主要

---

① 陈敬朴. 城乡教育差距的归因分析［J］. 教育发展研究，2004（11）：34-37.

② 鲍传友. 中国城乡义务教育差距的政策审视［J］. 北京师范大学学报(社会科学版)，2005（3）：16-24.

③ 肖阳，阎护锋. 从政策承受者角度分析城乡教育差距——以陕西省×市为例［J］. 教育理论与实践，2014,34（34）：30-34.

矛盾已经转化为人民日益增长的美好生活需要和不平衡不充分的发展之间的矛盾。"相应的，教育领域的矛盾也由"有学上"的问题逐渐转变为"上好学"的问题。人们已经不能满足于"底线式""保障式"的义务教育，而对更高质量、更高水平的优质教育表现出强烈的愿望和期待。此外，改革开放40年以来，我国社会、经济、文化、科技等各个方面均发生了翻天覆地的变化，社会对人才的培养和需求也随之发生了深刻的变化，人才培养日益成为一个地区经济社会发展的基础力量和重要指标。

党和国家敏锐地察觉到社会和人民需求所发生的深刻变化，及时提出了"办好人民满意的教育"等战略和方向，将提高教育质量放在越来越重要的位置。加快推进基础教育优质均衡发展，一方面是为了满足社会发展对人才培养的需求，另一方面也是为了满足广大人民群众对高质量高水平教育的需求。基础教育优质均衡发展是新时代中国特色社会主义对教育事业发展提出的新任务、新要求、新使命。

第二节　特色学校创建：学校变革与
发展的新抓手

一、特色办学是教育改革的要求

　　鼓励学校"办出特色"，是我国关于人才培养、学校发展教育政策的一项重要内容。这一政策既顺应了国际教育改革的发展趋势，也是我国教育改革与发展的现实需求[①]。我国首次在政策层面提到"办学特色"的文件是中共中央、国务院于1993年印发的《中国教育改革和发展纲要》（以下简称《纲要》）。《纲要》中指出，中小学要由"应试教育"转向全面提高国民素质的轨道，要办出各自的特色。进入素质教育时代，办学特色成为教育改革的重要方向，旨在通过学校的特色发展，促进学生个性发展，加强素质教育。

　　进入21世纪，我国教育改革进一步深化，"办学特色"愈加热门。2010年，中共中央、国务院出台的《国家中长期教育改革和发展规划纲要（2010—2020年）》（以下简称《规划纲要》）中明确指出，"鼓励学校办出特色、办出水平""推动普通高中多样化发展"。促进办学体制多样化，扩大优质教育资源，推进培养模式多样化，满足不同潜质学生的发展需求……鼓励普通高中办出特色。特色办学在《规划纲要》中的延续和加强，体现了"办出特色"是当今学校发展的必由之路，是全面提高学生整体素质的需要，是满足不同潜质

———————————

[①] 万华. 促进学校特色发展的地方教育政策反思——以广东省G市为例 [J]. 教育研究与实验，2015（3）：68-72.

学生的发展需要，是社会发展对多样化人才的需要。2017年，教育部等四部门关于印发《高中阶段教育普及攻坚计划（2017—2020年）》的通知[①]中再次强调："办学特色要更加鲜明，推动学校多样化有特色发展。"2020年9月，教育部发布的《关于进一步激发中小学办学活力的若干意见》（教基〔2020〕7号）[②]中进一步指出："各地各校要办出特色、办出水平、深入探索、勇于创新、不断完善，持续释放和激发中小学的生机与活力。"

由此可见，办学特色贯穿发展素质教育全过程，是基础教育改革中的必然要求。近年来，国家在教育均衡发展实践中，首先在硬件上实现了均衡分配，为全国各地学校配备相同的学校设备，统一协调办学规模、办学条件等。但随着各学校硬件配套愈加完善，校际差异逐步缩小，各校同一化弊端浮出水面。学校自身发展受到限制，国家教育均衡发展也开始步入瓶颈期。因此，办学特色成为教育改革新的突破口。追求和形成学校自身的办学特色，已成为当今时代的办学趋势。

二、特色办学是丰富学校内涵的关键

长期以来，学校内涵发展是基础教育改革的研究重点，中小学关注内涵发展成为教育界的共识。基于立德树人的教育根本任务，发展德智体美劳五育并举的教育理念，学校内涵发展尤为关键。逻辑学上，内涵是指一个概念所反映事物的本质属性的总和，即该概念的内容。在事物发展中，存在内涵与外延两种形式，外延发展是基础，内涵发展是根本。事物只有在内涵发展之中，才能实现质变的飞跃。学校发展亦是如此，关注学校内涵发展是关键。学校内涵发展主要依靠教育内部要素的调整与优化，充分挖掘教育内部潜力，提升教育质量，促进质量均衡。[③]

---

① 教育部等四部门关于印发《高中阶段教育普及攻坚计划（2017—2020年）》的通知.
② 教育部等八部门《关于进一步激发中小学办学活力的若干意见（2020-09-15）》.
③ 冯建军.内涵发展：推进义务教育优质均衡的路向选择［J］.南京社会科学，2012（1）：119-125.

在学校内涵发展的理论探索中，不少学者把学校内涵发展与特色办学联系在一起，认为内涵发展也是一种特色发展，是学校管理者和教师树立特色立校的基本理念，将办学特色放在学校改革与发展的突出地位，在特色的形成和品牌的培育中使学校上升到一个新的更高的水平。[①]特色办学是在追求学校独特性，促进学生个性发展背景下提出的，是办学个性与共同性的统一。这与学校内涵式发展要求学校内部协调发展，形成个性化、全面化的理念不谋而合。一定程度上，学校特色形成与发展，丰富了学校内涵。学校内涵发展的关键在于打造学校独特性，在个性中形成共性，在个性与共性的统一中协同发展。

我国特色学校发展累积的数十年实践经验，也为办学特色促进学校内涵发展提供了有力证明。不少学校在特色学校建设中形成了学校德育、课程与教学、学校管理、学校文化建设及办学理念等方面的特色。这些特色学校起初由单一的项目打造，过渡到涉及学校整个系统的、全方位的变革，无疑为学校内涵发展增添了色彩，进一步丰富了学校内涵底蕴，促进学校改革与发展。

三、特色办学是解决"千校一面"的方法

随着基础教育改革的不断深化，素质教育的理念深入人心，全国各地各校为加强素质教育开展相关改革实践，改革中却涌出许多校长对学校管理的同质化现象。[②]究其原因，校长们对素质教育的精神理解得不够，没有自己独到的认识，对教育教学的形式一味听从上级领导的安排，整天忙于完成上级机关对学校的各种指示，因而自己没有形成独特的办学思想。[③]校长同质化倾向严重，加上迫于上级领导对学校改革的统一硬性要求，久而久之便形成了"千校一

① 郑金洲.学校内涵发展:意蕴与实施[J].教育科学研究，2007(10):23-28.

② 姜美玲，陈静静，吕萍.学校内涵发展中的校长领导力——对上海浦东新区331名正职校（园）长的调查分析［J］.全球教育展望，2010，39（8）：78-83.

③ 赵丽敏.中小学"办学特色"研究［J］.天津师范大学学报（社会科学版），2012（6）：73-76.

面"的格局。

现实中，中小学"千校一面"的现象非常普遍。学校办学特色不够鲜明，既难以满足学生多样化的发展要求，又难以满足社会多样化的人才需求，已经成为中小学教育发展面临的一大难题①，当前学校发展亟待突破"千校一面"困境。实践证明，推动学校特色发展，正是从源头上扭转中小学"千校一面"态势，为发展素质教育，不断提高教育质量，促进学生全面而有个性的发展奠定基础。特色学校建设，旨在发展每所学校自身特色，有利于中小学找到适合自身发展的个性化发展道路，有利于促进师生个性化发展。因此，特色学校建设是改变"千校一面"的有力突破口，特色学校的建设与发展值得深究。

---

① 汪明.普通高中"千校一面"如何扭转？［N］.中国教育报，2014-04-01（7）.

第三节　特色学校创建：基础教育优质均衡的新取向

一、特色学校建设激发学校发展内驱力，推动各校优质发展

（一）特色学校建设是激活学校发展动力的引擎

内驱力可以理解为，由有机体自发产生的未来愿景和现实之间的内在创造性张力。[①]学校发展的内驱力就是指，学校渴望实现教学成果、促进教师的快速成长、实现学生的理想的内在需要，从而让学校不断进行自我改革、探索更有意义的教学模式和方法。一般来说，组织内驱力产生于组织愿景、使命、战略规划及阶段性目标中，能够促进学校发展内驱力的方法有多种途径，特色学校建设的探索就是实践方式之一。特色学校建设有两个明确的价值指向：一是个性化。它追求的是独特，关注的是学校主动发展，让学校找到内涵发展的切入点，形成具有个性的理念和方法。二是优质化。它追求的是卓越，关注的是以人为本，让学校充满生命的活力，师生得到最充分的发展，达到更优质的育人效果。

（二）特色学校建设是加快学校变革的催化剂

特色学校建设是学校整体工作的一部分，搞好特色建设能够推进学校发

[①] 王慧，刘永栓，章集香. 学习型组织视角下高校学生组织发展的内驱力研究［J］. 陕西师范大学学报（哲学社会科学版），2017，46（2）：171-176.

展。[①]首先，特色学校建设使学校发展有了明确的目标，而明确的目标是确定行为策略的前提，对学校特色本身具有一种感召力，能凝聚师生的上进心和创造力，有利于围绕办学目标优化学校内部资源的配置，尽可能地实现人尽其能、物尽其用、财尽其力，形成强大的办学合力。其次，一所学校要开展特色学校建设，就必须促使学校进行学校工作的整体优化，全面提高教育教学质量，增强学校的综合实力。学校特色建设必然会促使学校校长和教职员工树立正确的教育思想，从实际情况出发探索优化的办学模式，并对课程体系、教学方法、管理机制等方方面面进行改革。

基础教育优质均衡发展的起点问题在于如何持续创生区域性的优质教育资源。[②]与基于起点公平、条件公平的"基础均衡"不同的是，"优质均衡"更注重遵循教育的发展规律、发展内涵来回归教育行为本身，对每所学校的课程、师资、文化底蕴有更高的要求。学校将为实现这些标准进行调整、改革并提升，而标准反过来又反哺学校，给学校不断提出更高的要求，由此形成持续创生的优质的学校教育。

二、特色学校建设创生优质教育资源，提高区域优质教育增量

优质教育强调高水平的教育成果，需要高水平的教育投资，关注教育内部要素的优化，充分依靠教育内部力量，提升教育质量，使学校发展走向多元。特色学校的建设要求学校立足自身，对学校现有的资源进行充分的挖掘与剖析，寻找真正属于学校的特有资源，并通过优化、提升这些特有资源，引导学校走向特色办学的深层次发展方向，进而将特色的示范效应辐射至学校发展的各个方面，形成自己的特色优势，建成特色学校，实现为每一个学生提供适切

---

① 田大树.学校特色建设是推动学校发展的强大动力［J］.益阳师专学报，2002（2）：113.

② 李伟胜.基础教育均衡发展所需的优质资源从哪里来？［J］.中国教育学刊，2019（7）：29-34.

教育的目标，实现优质教育目标。[①]

学校在挖掘本校特色的同时，实现内涵发展，由外部依赖转向内部生发，充分挖掘和利用学校内部要素，自主发展，主动促进学校内部要素的优化，激发学校发展的内部潜力。但是，特色学校不代表绝对的特色或绝对的特殊性，也不代表消除校与校之间的差异性，差异是客观存在的。区域间学校的差异应予以正确对待，优质教育不是抹平和消除这些差异，这些差异也是不可能被抹平的，而恰恰是要尊重差异，充分利用差异背后所蕴含的丰富的特色资源，鼓励学校根据不同学生的特点进行异质性、多元化的发展，为每一个学生提供适切的教育，实现教育结果的公平。特色办学更是学校管理理念的更新。它关注学校整体结构的调整、资源的调配，以及学校发展过程中特色发展的目标、策略、内容及途径等。特色办学是一个长期的、持续的、自觉的过程，除了需要依靠学校内部资源自主发展之外，还需要通过发扬民主、广泛采纳相关利益群体的建议来促进学校发展。在这个过程中，不仅要关注学校的物质文化（房屋建筑、设施设备、环境美化等）和制度文化（规章、制度等），还要深刻地认识学校的精神文化（价值观、理念、精神等），并将这种精神文化深蕴于人心。教师在这样的环境之下得到了更多的学校支持，学生在这样的环境下体会到了更多的学校文化，对提高学校教学成果、创生优质教育资源、促进区域教育发展有积极作用。

三、特色学校建设联动各方力量，推进区域教育优质发展

长期以来，教育发展不平衡、优质教育资源稀缺等是我们一直关注的问题，其中关键在于如何解决区域教育均衡发展的难题。纵观以往有关特色学校创建过程的研究，有以下这些特征：一是特色学校创建是注重管理理念更新、责任共享的创建；二是特色学校的创建是系统的管理方式的改革；三是特色学

[①] 姜元涛，沈旸，王向超. 特色办学:推进义务教育优质均衡的现实路径［J］. 教育导刊，
2014（11）.

校需要保持长期的、自觉的、持续的创建过程；四是特色学校创建注重主体性，强调内在发展；五是特色学校创建强调自下而上、广泛参与，政府管理部门的意志必不可少，但同时也必须关注学校以及相关人员的发展意识与能力，重视学校教职员工、社区人员的意见与建议。一些特殊利益群体，如协会、党团组织、工会、非父母群体等都应在其中占有一席之地。其实，特色学校创建正是通过发扬民主、广泛采纳相关利益群体的建议来改善学校管理、实施创建活动的，并由此调适学校组织内部及其与周围环境之间的关系，获得广泛认同，促进学校与社区的共同发展。

（一）特色学校建设的几个主要力量

特色学校建设联动校际合作。从顶层设计角度来说，教育部会对本区域内学校的特点、风格先进行一个整体化的分析，再邀请名校老师做工作经验分享，介绍学校管理和改革的历程，而普通校间可相互交流可改善之处。特色学校建设过程的深入探讨和分析，促进了校际间的了解、沟通和相互帮助。

特色学校建设联动学校与教育行政部门的联系。以往学校与行政部门是发布与接收的关系，在特色学校的创建过程中，教育行政部门需认真听取每个学校的办学历程、办学特点、办学宗旨和办学文化，提炼学校在长久办学过程中积淀的学校文化底蕴，不可做"一刀切"式的工作，在保持各校特色的同时，挖掘学校的特色学校建设工程。这必然要求教育行政部门与学校保持有效、良好的沟通和了解。

特色学校建设联动学校与本区域的联系。学校不能脱离社会而存在的认识大概是所有人的共识了，学校与社会之间不能筑起一堵高墙，拒社会于千里之外。相反，一所学校必然会受到其所处地域的文化环境的影响，因为大多数校长是这个区域的人，教师也是这个区域的人，学生也来自该区域，比起想办法不让社会进入学校，大胆拥抱社会才是更明智的选择。学校在建校和历年办学的过程中，会不自觉地与当地传统文化、风俗习惯相呼应。那么，在特色学校建设过程中，想要往学校文化方向发展的特色学校，在提炼学校特色文化的时候，必然绕不开本地传统和学校过往的历程。

（二）各方力量的融合推进区域优质发展

实施区域协调发展战略是新时代国家重大战略之一，党的十九大报告指出，"我国社会主要矛盾已经转化为人民日益增长的美好生活需要和不平衡不充分的发展之间的矛盾""推进教育公平""努力让每个孩子都能享有公平而有质量的教育"。区域学校的发展可以视为一个群落生态系统，既应该具有群落生态系统动态平衡的发展特征，又应该具有系统平衡演进的特点及相应的方式与策略。区域进行特色学校建设，打造本区域的特色学校生态环境，不仅需要政策、规划、资金、人才、企业等方面的帮助，而且也需要学校自身在管理理念、教育教学改革、评价标准和体系等方面进行不断探索和实践，努力达到高标准、高要求、高质量的目标。

②

第二章

明道：取特色学校与基础教育优质均衡之经

第一节　以前人为鉴，明区域基础教育
优质均衡之道

一、区域基础教育优质均衡发展的内涵

（一）教育均衡发展的内涵

按照目前学界的一般认识，教育均衡是指，在教育公平思想和教育平等原则的支配下，教育机构、受教育者在教育活动中平等待遇的实现（包括建立和完善确保其实际操作的教育政策和法律制度）。它的最基本的要求就是在正常的教育群体之间平等地分配教育资源和份额，达到教育需求与教育供给的相对均衡，并最终落实在人们对教育资源的支配和使用上。[①]2002年，《教育部关于加强基础教育办学管理若干问题的通知》中指出，要"积极推进义务教育阶段学校均衡发展"，这是我国首次在政策层面提出教育均衡发展这一概念。2012年，国务院印发的《关于深入推进义务教育均衡发展的意见》中指出："推进义务教育均衡发展的基本目标是，每一所学校符合国家办学标准，办学经费得到保障；教育资源满足学校教育教学需要，开齐国家规定课程；教师配置更加合理，提高教师整体素质。"同年，教育部印发了《县域义务教育均衡发展督导评估暂行办法》，建立了县域义务教育均衡发展督导评估制度，对生均校舍面积、生均教学及辅助用房面积、生师比等方面做出了具体规定。2013

---

① 翟博.教育均衡发展：现代教育发展的新境界［J］.教育研究，2002（2）：8-10.

年5月17—18日，教育部在江苏省张家港市召开了全国县域义务教育均衡发展督导评估认定现场会，共有293个县通过义务教育基本均衡的国家认定。截至2019年底，全国共有2767个县通过了义务教育基本均衡发展督导评估认定，占比达95.32%，23个省份整体实现县域义务教育发展基本均衡。

概括而言，教育均衡主要是指教育资源的均衡，教育均衡发展的关键在于教育资源的合理配置。

（二）教育均衡中的外延发展与内涵发展

教育的均衡发展可以分为外延发展和内涵发展两个阶段。外延发展阶段主要依靠增加教育投入、改善办学的物质条件等外部要素，改进教育的外部形态，促进教育发展的条件性均衡。内涵发展主要依靠教育内部要素的优化与调整，充分挖掘教育内部潜力，提升教育质量，促进质量均衡。[①]

义务教育均衡发展的政策要求，推动了学校标准化建设，学校办校条件已得到有效改善，学校间硬件设施的差距也显著缩小。在"有学上"的问题得到解决后，提升教育质量，让学生"上好学"，成了教育领域亟待解决的新问题。实际上，教育质量与教育资源并非呈线性关系，当办学条件达到一定的标准后，其对于提升教育质量的作用开始变得十分有限。《国家中长期教育改革和发展规划纲要（2010—2020年）》中也特别指出，树立以提高质量为核心的教育发展观，注重教育内涵发展，鼓励学校办出特色、办出水平，出名师，育英才。

因此，在实现外延发展，解决教育资源不足的问题后，均衡发展的策略必须转向教育内部的改革，朝着内涵均衡的方向努力。

（三）教育优质均衡发展的内涵

优质均衡的概念最先由部分教育先进地区提出，在迅速完成国家义务教育均衡发展的指标要求后，高水平、高质量的均衡成了教育均衡发展的焦点。例

---

① 冯建军. 内涵发展：推进义务教育优质均衡的路向选择［J］. 南京社会科学，2012（1）：
119-125.

如，江苏省于2010年印发了《关于江苏省义务教育优质均衡改革发展示范区建设的意见》，首批设立了南京、苏州、无锡等13个义务教育优质均衡改革发展示范区，强调要用3年左右的时间使示范区义务教育由基本均衡达到优质均衡。

在这一新的发展目标下，学者们也针对教育优质均衡发展的内涵进行了理论研究。北京师范大学现代教育技术研究所项目组（2010）认为，除了对教育资源和教育质量的关注外，教育特色也应是教育优质均衡的重要内涵，即均衡不是完全一致，而是在一个"底线"基础上的各具特色，是一种"特色均衡"。在特色均衡理念指导下的区域义务教育，倡导突出自身优势打造品牌效应，使学科教学质量、学生综合素质以及学校的课程建设等教学特色凸显出来，在特色中找均衡，在均衡中寻特色。[1]尹玉玲（2020）对义务教育优质均衡发展的定义为，义务教育阶段在实现入学机会公平后，公平合理配置教育资源，提升学校办学水平和教学质量，校校有特色，让每一个孩子都有接受优质教育的机会，都能接受合适的教育，都能实现所有可能方面的发展。[2]

为了引导各地将义务教育均衡发展向着更高水平推进，全面提高义务教育质量，教育部于2017年印发了《县域义务教育优质均衡发展督导评估办法》，从政策层面为义务教育优质均衡发展划定了边界。同年，广东省人民政府教育督导室也印发了《广东省县域义务教育优质均衡发展督导评估实施办法》，评估认定的主要内容有四个：一是教育资源配置；二是政府保障程度；三是教育质量；四是社会公众认可度。具体来说，教育资源配置评估指标有7项，包括高于规定学历教师、县级以上骨干教师、体育、艺术（美术、音乐）专任教师、教学及辅导用房、体育运动场馆、教学仪器设备、网络多媒体教室。政府保障程度评估指标有15项，包括学校规划布局、学校建设标准、音乐美术教室、学校规模、班额、村校和教学点公用经费、特殊教育学校公用经费、教师收入、

---

① 北京师范大学现代教育技术研究所项目组. 促进区域内义务教育优质均衡发展的理论和实践研究 [J]. 基础教育参考, 2010（7）：4-12.

② 尹玉玲. 面向2035义务教育优质均衡发展指标体系构建——北京的探索 [J]. 首都师范大学学报（社会科学版），2020（1）：178-188.

教师培训、教师编制、教师交流轮岗、教师持证上岗、划片入学、高中招生名额分配、留守儿童。教育质量评估指标有9项，包括初中三年巩固率、残疾儿童入学率、学校教育信息化、教师培训经费、教师信息化水平、校园文化建设、开齐开足课程、课业负担、国家义务教育质量监测相关数据。社会公众认可度主要通过对学生、家长、教师、校长、人大代表、政协委员及其他群众的调查走访进行了解。

2019年10月12日，全国县域义务教育优质均衡发展督导评估认定启动现场会召开，标志着义务教育即将迈上优质均衡的新台阶。[1]总的来说，教育均衡更多指向外延发展，而教育优质均衡则侧重于内涵发展。教育优质均衡发展在均衡的界定上不是要求全国范围内的义务教育发展达到同一水平，而是希望全国义务教育发展在达到国家底线标准的基础上进行优质发展、特色发展。[2]

二、区域基础教育优质均衡发展存在的问题

（一）重均衡轻优质

经过对教育均衡发展的多年探索，国家层面完善了从县域基本均衡到县域优质均衡的督导评估认定工作，同时义务教育优质均衡发展也逐渐获得了它的实践内涵。对比国家于2012年启动的"县域义务教育均衡发展督导评估"和2019年启动的"县域义务教育优质均衡发展督导评估"可以发现，从基本均衡到优质均衡，评估的要点仍然是均衡指标范围的扩展和均衡程度的提高。县域义务教育优质均衡发展的实践探索仍然是围绕均衡问题展开的，并未很好地关注优质发展，义务教育的优质均衡发展仍然存在很大的探索空间。

（二）城乡教育质量差距较大

目前，我国绝大部分县域已达到了基本均衡水平。不过，在不同经济发

---

[1] 王帅锋，杜晓利. 义务教育从基本均衡走向优质均衡：一个政策调适案例［J］. 教育发展研究，2019，39（21）：34-40.

[2] 杨清溪，柳海民. 优质均衡：中国义务教育高质量发展的时代路向［J］. 东北师大学报（哲学社会科学版），2020（6）：89-96.

达程度的地区，均发现尽管城市和农村学校在硬件设施上的差距日益缩小，但在对硬件设施的使用效率，以及学业成绩的表现上仍存在差距。例如，陈晨（2017）通过调查发现，江苏省某市义务教育在城乡办学条件上并不存在差距，城乡学校硬件配备基本均衡，但是城乡学校在硬件配备使用率上存在一定差距。一些农村学校虽设备、功能室都具备，但学校各类专用教室常年紧闭，器材束之高阁，常年闲置，使用率低。[①]肖宇（2020）比较了江西省义务教育阶段学生某次语文、数学和英语成绩的合格率和优秀率，发现城镇学校学生的表现均高于农村学校学生。[②]纪融（2018）对比了甘肃省三区小学高年级和初中共六个年级的某次考试成绩，结果显示城市学生各年级各科成绩平均分均高于农村学生。[③]

（三）学校发展同质化倾向

为推动教育均衡发展，各地区探索出了学区化管理、联盟办学、集团化、名校办分校等多种工作模式。这些举措在共享优质教育资源的同时，也导致了校与校之间个性模糊，缺乏差异，在办学目标、教育理念、办学风格等方面日益趋同。例如，实行集团化办学后，名校有将自己的文化强加给集团成员校的嫌疑，可能扼杀集团成员校原有的风格，集团内其他学校的原有文化可能逐渐消失，缺乏发展个性与特色，进一步加剧了教育的同质化。[④]"千校一面"限制学校发展，制约学校内在发展动力和创造力，导致学校办学缺乏主体意识和特色，学生培养缺少个性化。

三、推进区域基础教育优质均衡发展的各地经验

（一）北京：实行学区化管理，破解教育均衡难题

2004年，北京市东城区在教育资源第一次整合的基础上，以"资源共享"

① 陈晨.经济发达地区县域义务教育优质均衡发展调查［D］.陕西师范大学，2017.

② 肖宇.困境与突破——江西省义务教育优质均衡发展研究［D］.江西师范大学，2020.

③ 纪融.甘肃省义务教育均衡发展存在的问题及对策［D］.西北师范大学，2018.

④ 肖浩宇.区域推进义务教育优质均衡发展的多路径研究［D］.华东师范大学，2013.

理念为指引，进行教育资源的第二次整合，实施学区化管理，实现了静态资源的动态流通，推动了东城区教育资源的均衡配置。

1. 学区化管理体制的建构

东城区学区化管理体制分为三个层面：第一个层面由教委领导、各科室视导员组成，负责了解学区工作信息动态；第二个层面由研修员组成，各学科研修员指导学区教研组的备课和教学工作；第三个层面由各学校校长组成学区协作组，是学区化管理的中枢，实行轮值主席负责制。

2. 学区资源共享模式

实施学区化管理后，为了实现教育优质均衡发展的战略目标，东城区还努力促进硬件资源共享、课程资源共享和人力资源共享。为实现硬件资源共享，东城区优化硬件资源配置，加强现代化学校建设。学区内的中学公布硬件资源信息及其开放时间，从而实现学区内的硬件资源共享。除了硬件资源共享外，各学区还实现课程资源共享。各学区通过输出教师和课程、开放选修课、学生跨校上课等形式，实现课程资源共享。人力资源共享主要通过开放听课、跨校兼课、集体备课、承担课题和跨校师徒结对等方式实现。

（二）上海：出台系列政策，做好顶层设计

2014年，上海成为第一个整体通过国家义务教育均衡发展督导认定的城市。为进一步推进义务教育优质均衡发展工作，上海市政府教育主管部门高度重视，并积极出台相关政策予以支持。2015年，上海市教育局、发改委、财政局、人社局、规土局等9个部门联合出台《促进城乡义务教育一体化的实施意见（暂行）》（沪教委发〔2015〕139号），推进学校建设、设备配置、信息化建设、教师配置与收入标准、生均经费五项标准统一；此后，又先后出台《上海市教育委员会关于促进优质均衡发展，推进学区化集团化办学的实施意见》《新优质学校集群发展行动计划》（沪教委基〔2015〕77号）、《关于推进本市紧密型学区和集团建设的实施意见》（沪教委基〔2019〕7号）等文件，着力于缩小城乡之间、学校之间的办学水平差距，创新学校联动发展机制，促进办学质量均衡。在招生改革中，上海在全国率先优化入学报名服务，建立了"上海市义务教育入学报名系统"，所有公民办小学、初中招生工作均在招生系统上操作，将学前教育数据、公安数据和人保数据进行整合。"一门式"查询服务为学生入学提供便利。

在教育教学方面，深入推进学业质量评价改革，提出了"绿色指标"的概念，从学生的学业水平、品德行为、艺术素养等多个方面进行综合评价。以2018年初中"绿色指标"结果为例，上海市初中学业质量得到稳步提升，区域之间、城乡之间的学业质量差距不断缩小。

（三）江苏：建设示范区，走内涵式发展道路

为进一步推动义务教育优质均衡发展，江苏省于2010年出台了《关于江苏省义务教育优质均衡改革发展示范区建设的意见》（苏政办发〔2010〕65号），其中明确指出要将推进义务教育优质均衡发展作为重中之重，以示范区建设作为改革抓手，确立了13个义务教育优质均衡改革发展示范区建设单位。

除了出台系列政策落实政府责任、加大投入促进薄弱学校发展等途径外，江苏省十分注重教育内涵式发展，一方面积极打造区域特色课程，例如，苏州市吴江区将特色建设纳入学校发展的整体规划，对其与综合实践课程、校本课程、学校科研等各个方面进行整合，同时与学校地域文化、校园文化的构建紧密结合，形成了人文、科技、艺术、教育信息化等多个特色板块，例如，吴江经济开发区实验初中的"百工坊"、芦墟实验小学的"汾湖百草园"等，成为学校特色的"源头活水"。另一方面着力构建教学质量监测体系，例如，灌南县注重教学过程监控，围绕课程实施、课堂教学、教学常规管理、校本教学研修、学业水平达标与教学效益提升、学校发展规划与实施学校特色项目建设与发展成效等几大方面，制定了教学质量的效益性、过程性和发展性评估指标；铜山区也制定了相对完善的教学质量监测体系，每年修订义务教育阶段的小学、初中教学质量评价方案和教学质量管理评估标准，并且建立了教学质量进步学校通报制度。

（四）深圳：保障教育投入，让每位学生享受优质义务教育

深圳经济特区建立40周年来，基础教育发展突飞猛进。特区建立之初，全市仅有中小学250所，幼儿园90所，在校生6万余人；而到2019年底，全市基础教育阶段共有各类学校2593所，在校生209.2万人。深圳始终坚持基础教育为

教育发展重中之重的战略定位，保持高投入、高比重。深圳义务教育优质均衡发展之道不仅仅为深圳户籍学生着想，也为保障外来人员子女就读提供"深圳样本"。早在2005年，深圳就制定了全国门槛最低的义务教育入学政策。2017年，将港澳籍人员子女入学纳入全市义务教育公共服务范围，港澳籍学童就读人数全国第一。2018年1月出台《非深户籍人员子女接受义务教育管理办法》，入学政策进一步放宽。目前，全市有63%的义务教育学位提供给非深圳户籍学生，所占比例全国最高。

深圳市还建立了公共财政对民办教育投入的长效机制。在全国率先出台支持民办教育可持续发展的学位补贴、教师长期从教津贴、奖励资助优质民办学校三项公共普惠政策。这些政策在保障公民办教师待遇的同时，也为学生解决了"上学难""上学贵"等问题。

（五）杭州：名校集团化办学，带动薄弱学校发展

"名校集团化"的发展目标是实现优质教育资源的优化配置，以名校输出品牌、优秀教师队伍、学校办学文化理念、学校管理运行模式等为手段，旨在统筹解决优质教育资源供需矛盾，迅速提高整体办学水平和教育质量，实现集团内各成员校的共同发展。2004年，杭州正式提出实施名校集团化战略，推动教育均衡发展，取得了重大成果，引起了广泛关注。

杭州市的"名校集团化"办学模式，就其内部结构而言，形成了"名校新校""名校民校""名校弱校""名校名企""名校农村学校"等多种不同的办学模式；就其集团化办学的形成途径而言，主要有"连锁式""加盟式""合作式""嫁接式"等；就其办学性质而言，主要有"公办""民办公助""国有民办""民办""混合制"等，呈现出灵活、多样化的特点；就其管理机制而言，一些集团设计出了有助于集团运作的管理制度，其中比较成功的有共享制、章程制、议事制和督导制。

杭州市的教育集团办学模式主要包括两类：其一，一体化模式和发展共同体模式。一体化模式是名校集团化的主流模式，"名校+新校""名校+弱校"是其主要模式。在一体化模式下，集团内的各项事务由总校长统一管理、统筹调配，再通过管理重构和资源重组，实现一体化办学，从而提升整体办学水平。

其二，不同于一体化模式，在发展共同体模式下，集团成员校之间是相互独立的，各事务由各校分治。各校可以通过开展教师的统一培训、借鉴管理经验、加强校际合作来转变教育理念，进而带动成员校管理水平和教育质量的提高。

名校集团化办学在杭州市下城区取得了显著的成效。下城区采取"嫁接办学"的模式，薄弱学校为"子体"，依托名校这一"母体"立校。"子体"可以获得"母体"的优质教育资源，"母体"也可以通过"子体"解决自身的一些问题，从而使薄弱学校和名校之间形成了一种优势互补、共生共荣的关系。名校群的产生使得大部分学生就近就能享受到优质教育，择校热逐年降温。

"名校集团化"加快了学校管理人才和教师的成长速度，加快了薄弱学校教育质量的提升速度，在很大程度上缓解了上学难问题，比较好地解决了择校热问题，促进了区域内基础教育的公平和优质均衡发展。

（六）沈阳：设立综合实验区，推进各区教育均衡发展

为缩小各类教育间的差距，推动沈阳教育均衡发展，沈阳市从2003年起进行了薄弱学校改造。要求各区县以综合实验区为抓手，按照"建立标准、整体推进、分期评估、创建示范"的思路，全面推进各区县教育均衡发展。各综合改革实验区开展了一系列改革，推进义务教育均衡发展。

1. 建设九年一贯制学校

为根治农村教育"散、小、弱"的顽疾，沈阳市从2004年开始成规模建设农村九年一贯制学校。农村的每一所九年一贯制学校都有相应的城区学校对口支援，双方实现教育信息资源共享。沈阳市建设农村九年一贯制学校，集聚了有限的教育资源，改善了办学条件，推动了农村教育资源的整合，助推了城乡教育的融合。

2. 建立校长教师流动制

薄弱学校的发展离不开优秀的校长和教师。为了解决教师不愿意离开重点学校、担心待遇下降等问题，沈阳市出台了一系列促进教师交流的措施。首先是转变传统的思想观念，促使教师从"学校人"转化为"职业化人"。其次是加大交流的比例。沈阳市制定了以下规定：校长和教师在一所学校工作满六年，都要在大学区内进行异校交流；中小学校长参评沈阳市教育专家、教师晋

升高级职称必须要有到薄弱学校任职、任教或到农村九年一贯制学校支教的经历。同时，沈阳市通过统筹发放教师结构工资，来缩小校际间教师收入差距，从而助推教师的交流。沈阳市力争通过教师资源的均衡配置来促进教育质量的均衡发展。

3. 实施大学区管理

2006年6月，沈阳市全面实行大学区管理。每个大学区内，以优质学校为龙头，将所属学校组成一个学区，学区内的学校实行"五统一、一共享"，即统一安排教师、统一组织备课、统一开展教学、统一质量检测、统一校本培训、学区内所有学生共享各类教育资源。这种管理方式名为管理上的改革，实为教育资源的高度共享，具有促进教师有序交流、盘活优质资源存量、扩大优质资源增量等优点。大学区的管理方式符合沈阳区域教育均衡发展的需要，得到各界的支持和认可，取得了较好的效果。

（七）成都：统筹城乡教育，促进城乡教育均衡化

近年来，统筹城乡教育，推动教育均衡发展成为成都教育发展的主要方向。成都市青羊区不断探索城乡教育均衡化，并取得了斐然的成就。为了实现教育均衡发展的目标，青羊区采取各种措施来达到"四个满覆盖"，即标准化建设满覆盖、优质教育资源满覆盖、帮困助学满覆盖以及教育反哺满覆盖。为了实现这四个"满覆盖"，青羊区采取了一系列扶持农村教育、推动城乡教育一体化的发展策略。

1. 实施学校标准化建设

为追峰填谷，青羊区实施学校标准化建设，重金改造城乡薄弱学校。多所学校的教学环境得到改善，也配备了全新的教学设施。青羊区在建设标准化学校的同时，还注重打造学校的特色，提出了"一校一景""一校一色"的口号。除了打造特色的外在环境外，每个学校还要塑造独特的发展内涵。为了构建内涵与均衡兼顾的发展模式，要从物质、精神等各方面入手，全方位、立体式地营造文化育人的环境。

2. 城乡教育融合机制

第一，组建城乡学校共同体。每个共同体内既有城区学校、优质学校，又有涉农学校、薄弱学校。通过学校合作、校长沙龙、教师结对等模式，实现各类学校资源的整合、交流、共享。第二，成立名优教师讲师团。由区教育局组建名师讲师团，为各涉农学校提供送教上门、上示范课等帮助，促进涉农教师的专业学习。第三，实施骨干教师引领工程。为充分发挥骨干教师的带头示范作用，每位特级教师、优秀教师和名师都要帮带相应的涉农教师。

3. 重点扶持帮困机制

青羊区以循环教材为突破口，从学生和教师两个层面出发开展帮扶工作，加大对农村教育的补偿和扶持，统筹城乡教育一体化发展。青羊区将"学生教材，政府买单；公共配置，循环使用"这几句话作为推进城乡教育一体化的亮点。

4. 教育反哺带动机制

青羊区牢固树立大教育观，通过一个学生带动一个家庭、一所学校带动一个社区、一个区域教育带动一方文明。始终将教育均衡发展与城乡一体化中农民的身份转变、素质提高、收入增加、就业充分、生活改善有机结合起来。在此基础上，青羊区开发并建立了一套课程体系，来提高新市民的就业技能和综合素质。

（八）铜陵：改造薄弱学校，推进教育均衡

安徽省铜陵市通过缩小各学校之间的差距来解决择校问题，早在1994年铜陵市就开始对主城区的薄弱学校进行改造，后又对农村的薄弱学校进行改造。经过十余年的努力，铜陵市成了全国义务教育均衡发展的范例。铜陵市以改造薄弱学校为中心开启了探索教育均衡发展之路。

1. 建设校长和教师队伍

在校长队伍的建设上，铜陵市不仅选派了一批德才兼备且各方面能力优秀的校长到薄弱学校任职，还强化对校长的培训工作。在教师队伍建设上，铜陵市采用"名师迁移"的做法，将部分名师调到薄弱学校任职。在职称评聘、评优评先等方面，给予薄弱学校教师一定的政策倾斜，以稳定薄弱学校教师队伍。选拔新进教师时，择优录用，并将优秀教师选派到薄弱学校。同时，定期开展全市中小学教师技能大赛、骨干教师选拔工作等活动。加强校长和教师队

伍建设，可以大幅提升薄弱学校教育教学质量，推动薄弱学校内涵发展。

2. 加强指导和评估

铜陵市充分发挥教研员的引领作用，加强对薄弱学校的教学指导。教研员对师资薄弱学校开展教学视导活动，到这些学校听课，查看备课等情况，并与校长、教师、学生等进行交谈，以了解情况，最终形成书面报告反馈给学校。铜陵市还开展了办学水平评估活动，对学校的办学理念、办学目标、师资队伍建设、办学特色等内容进行评估。为了调动薄弱学校的办学积极性，客观条件考核不达标的学校，不仅不扣分，还会被列入教育局的年度项目计划，获得资金支持。若是因主观工作不努力而导致的不达标，也会在整改方案上得到帮助。按照"硬件从实，软件从严"的原则进行量化评估。通过指导和评估，铜陵市提升了薄弱学校教师业务水平和学校管理质量。

3. 保障生源均衡分布

人们不会在短期内认同改造后的薄弱学校，而会更倾向于选择以前的重点学校。为了保障薄弱学校的生源，铜陵市在全省率先取消了重点初中和小学，取消了全市统一的小升初考试，严格执行"划片招生、就近入学"的政策。为确保该政策的执行，教育局每年根据各校教育资源情况和学生生源情况，划定各小学初中的学区，下达各校招生指标。在高中招生制度改革中，采取的是示范高中切块指标分配制度，并将招生的政策、过程、结果以各种形式向社会公布，接受社会的监督。铜陵市的这些做法可以促进生源的均衡分布，为薄弱学校搭建均衡的发展平台。

第二节　集中外经验，明特色学校创建之道

一、特色学校含义

《现代汉语词典》中对"特色"的定义为事物具有的独特的色彩、风格等。孙孔懿提出特色概念有广义与狭义之分。广义的特色指有别于其他事物之处，并无价值区分，是一个中性的概念，既可以指正面的特色，也可以指反面的特色；狭义的特色特指褒义的特色，指事物的某些方面优于其他方面且优于其他同类事物同一方面的优秀品质。[①]依据上面所做的解释，特色是特别出色之所在，多是从褒义层面谈独特之美，含有独出于众之意，是才能杰出、事物迥异于众者之称。当前，基于多元化的国际教育背景，教育改革不断深化，各级各地力求开辟出一条与众不同的学校发展道路，尽可能展现创新的观点，试验全新的办学模式、改革教育内容和方法。在各校不同的探索中，会出现各种各样的经验，这就是各个学校的特色所在。因此，形成特色是学校现代化、多样化与个性化发展的必然趋势。

从不同的立场和角度出发，学者们对特色学校也做了不同的定义，最典型的定义有以下几种：董怡认为，特色学校指的是在学校工作的整体上形成了相对稳定的、与其他学校不同的独特个性风貌，并且有较高的教育质量和水平，

---

① 孙孔懿. 学校特色的内涵与本源 [J]. 教育导刊，1997（Z1）：46-49.

能体现独特的学校文化特征的学校。[①]辜伟节认为特色学校是指在全面贯彻教育方针的过程中和长期的教育教学实践活动中，在学校教育工作的整体上或全局上形成的，具有比较稳定的、区别于其他学校的独特风格或独特风貌，特色鲜明的学校文化特征，并能够培养出具有特色的人才的学校。[②]还有学者提出，特色学校需要在长期的办学过程中，经过长期的、系统的、整体性的科学规划和设计，形成有利于学生个性的多样化发展的教育环境，实现学生的特色化发展，并形成自己独特的、与众不同的整体性办学风格与学校个性。[③]

通过解读特色学校的不同定义，可以发现这些定义有一些明显的共同之处。笔者认为，特色学校是指在全面贯彻教育方针的背景之下，经过长期的教育教学实践活动，形成了相对稳定的独特个性风貌，能够实现学生特色发展，培养特色人才的学校。

二、特色学校本质特征

胡云在构建现代学校制度的视野之下，将特色学校的本质特征归纳为四点：第一，独特性，即学校办学的独特个性。这种独特性带有创造性，表现为独特的办学思想、独特的办学内容和独特的办学策略。第二，优质性，即对学校教育教学的不断优化，主要表现为成功地确定了办学价值观、成功地培养了大批人才、成功地确立了一种优化的办学模式，并在后续的发展中不断保持与完善。第三，稳定性，即办学的优质性和独特性的保持与发展，能经受住时间的检验。第四，生态性，即每一所特色学校的创建都要基于本校的土壤，要尊重校情和师生的实际情况，根据办学目标和长期的办学实践和办学基础，选定特色项目，形成适应本校发展的特色品牌。[④]

雷守学将特色学校的本质特征归纳为四点。与胡云不同的是，雷守学还

① 董怡.中小学学校特色建设的经验、问题与对策研究［D］.浙江大学，2017.

② 辜伟节.特色学校与校长个性［M］.南京：南京师范大学出版社，2004.

③ 杜少君.特色学校创建的实践研究［D］.华中师范大学，2013.

④ 胡云.基于现代学校制度下的特色学校创建研究［D］.湖南大学，2017.

看到了特色学校的认同性：第一，优质性。教育的优质性是学校特色的基本属性，它是特色的决定因素，也是教育优质化的外显。正是因为有了教育的优质化，才会有持久的办学效益和社会信誉，才会得到公众的承认和仿效，显示出学校特色的生命力。第二，独特性。独特性是特色的基本属性，也是特色的决定因素。"独特"是指学校教育要以实施素质教育为根本目标，形成学校独特的办学风格。独特性要求我们在选择学校发展道路时，必须独辟蹊径，强调"用心"和"创意"。第三，稳定性。学校特色是学校领导和全体员工在某一方面长期有计划、有步骤、坚持不懈努力的结果。如果学校教育工作者朝三暮四、见异思迁，根不可能形成学校教学特色。学校特色在其探索、实践、完善的过程中，尽管需要办学者不断修订方案，但其宗旨和最终目标应当是清晰、稳定的。但是，也应注意，稳定只是一个相对的概念，随着内外因素的变化，学校特色形成后仍具有发展和变化的可能性。第四，认同性。"独特""稳定""优质"这三个内在标准是否达到，需要社会评价来检验。真正意义上的学校特色不是自封的，而是社会认可的结果。[①]换言之，某某特色学校只有得到社会认可，它才是真正意义上的学校特色。

那么，综合以上本质特征，再从特色学校的外延来看，特色学校具备独特性、优质性、稳定性、认同性、整体性本质特征。

（一）独特性

独特性是特色学校的核心特征和基本属性，也是特色的决定因素。特色学校的独特性最直接的体现为独特的校园文化，即独特的物质文化、精神文化和制度文化。独特性给学校发展提出了一个要求：学校发展道路的选择，在"用心"的基础上还要强调"创意"。但现在"千校一面"的状况已经屡见不鲜，为了追求教育的均衡发展，中小学把教育发展的重点放在了硬件的统一上，进而导致各个学校的个性被削弱。因此，发展特色学校首先要抓住独特性这一本

---

① 雷守学. 特色学校的概念、特征和类型［J］. 西安文理学院学报（社会科学版），2015，18（4）：110-111，125.

质特征，以体现学校发展的创造性。

（二）优质性

教育的优质性同样也是学校特色的基本属性，是特色的决定因素。学校教育教学的不断优化，成功地确定了办学价值观、成功地培养了大批人才、成功地确立了一种优化的办学模式，并在以后的发展中不断保持与完善。学校教育的优质发展会吸引到更多的资源，享有较高的社会信誉，进而产生持久且高效的办学效益，才会得到公众的承认和仿效，显示出学校特色的生命力。

（三）稳定性

特色学校的发展是基于一定教育规律，在长期的教育实践中逐步形成的。这是一个复杂的系统工程，并非一朝一夕就可以完成。特色学校的"特色"是在形成中发展，又在发展中形成的，处于螺旋式上升的过程，而这个过程将一直持续，最终呈现相对稳定的状态。因此，特色学校的鲜明特征之一表现为具有稳定性。

值得注意的是，特色学校的稳定发展并不意味着学校完全独立于社会发展之外，经济、社会、文化、政治、科技以及学校内部因素的变化都会影响特色学校的发展。特色学校发展的稳定性包含着相对性，随着内外因素的变化，学校特色形成后仍具有发展和变化的可能性。

（四）认同性

认同性是指社会各界对特色学校的认可，并不是某某学校自封为特色学校就代表它是真正意义上的特色学校，社会的认可度是特色学校的外显。特色学校的"独特""稳定""优质"这三个本质特征是否得到体现，需要社会各界的评价。某某特色学校只有得到社会认可，它才是真正意义上的特色学校。

（五）整体性

整体性是特色学校最直接的特征。它与单一的学校特色项目或多种特色活动不同，是从学校整体出发，有机结合学校特色发展而成的。因此，特色学校发展是一个整体推进过程，囊括学校教学、课程、管理的方方面面，是学校所有管理者、教师、学生和家长等多个主体共同参与的工程。

系统观认为，由若干部分或要素组成的一个系统，呈现出各个孤立部分或要素所没有的特性和规律，这一特性称为系统的整体性。构成系统的各个部分或要素处于辩证的有机联系之中，必然表现出自己的特性和规律，这种特性和规律是各部分各要素孤立存在时所没有的。系统的整体性并不是各部分要素的随意凑合，而是只有在各个部分、要素按特定的需要组合成系统时才能出现，才有意义。[1]这也是特色学校的形成机制，通过各个特色要素有机结合形成整体化特色。

三、特色学校构成要素

重庆市从2007年开始以特色学校建设为抓手推进区域教育均衡发展，经过多年实践，提出以德育、校史、课程、优势、课堂、管理为突破口打造特色学校。[2]程振响、季春梅等学者总结出特色学校的构成要素主要包括主体要素、结构要素与环境条件三大部分。其中，主体要素是人，结构要素则包含课程、课堂、科研、文化四大元素，环境条件包括学校内外环境。[3]赵国忠认为，特色学校创建过程中，理念是依据，课堂是主阵地，团队是主力军，特色学校创建还需依靠文化来完善，管理来创新。[4]张建明则认为，特色学校构成要素中，办学思想、教师群体、课程体系、特色项目和学校文化是主要要素。[5]结合当前研究以及本土实践，南海提出了特色学校创建的五个基本要素：办学理念、校本课程、校园文化、管理和队伍。

（一）办学理念

办学理念来源于对教育理论和教育政策的深入学习以及对学校办学实际（校史、社区文化、区域资源等）的深度开发，体现了学校教育的核心内涵和精神价值，引领学校的整体发展。

---

① 何新.中外文化知识辞典［M］.哈尔滨：黑龙江人民出版社，1989：81.

② 龚春燕，胡方，张礼.重庆：特色学校建设［M］.北京：首都师范大学出版社，2012.

③ 程振响，季春梅.特色学校创建的理论与实践［M］.北京：高等教育出版社，2012.

④ 赵国忠.如何创建特色学校［M］.南京：南京大学出版社，2012.

⑤ 张建明.浅谈特色学校的内涵与要素［J］.上海教育科研，2005（8）：42-43.

（二）校本课程

课程是落实学校教育理念的重要载体，特色校本课程既满足了学生个性化发展的需求，也彰显了学校的办学特色。因此，校本课程是特色学校创建的重要突破口之一，为特色学校的创建提供了契机。

（三）校园文化

校园文化是以师生为主体，共同创造的价值理念、行为规范与精神面貌，其本质是一种人文环境与文化氛围。在特色学校创建中，校园文化可分为显性文化与隐性文化。所谓显性文化，是指学校校园建筑、视觉设计、校园景观、教育装备等物质形态。隐性文化则指学校的办学传统、"一训三风"、师生的价值认同感、师生行为表现、育人实践等精神形态。

（四）管理

管理是学校各项规章制度及其运行机制的总和。它的制定与学校的办学理念和办学特色相契合，服务于特色学校建设。管理具备一定的强制性，其内核反映了学校特色办学的价值取向，逐渐内化为师生认知图式的一部分，为全校师生所认同，最终形成富有特色的管理文化。

（五）队伍

队伍是特色学校创建的主体，包括校长、教师和学生。校长是特色学校创建的领航员，教师是特色学校创建的主力军，学生是特色学校创建的根本归宿。可以说，特色学校创建与校长、教师、学生的发展密不可分，校长、教师、学生的个性、专长直接影响与制约着特色学校的发展。特色学校的发展能够促进校长、教师与学生的成长。

四、国内外特色学校建设

（一）国内特色学校建设经验

1. 重庆特色学校建设经验[①]

重庆市教委在特色学校建设的实践中构建了"政策驱动，学术引领，学校主动发展"的整体性战略实践模式，对全市中小学特色学校建设进行了高标准、科学化的系统规划和整体推进。

（1）政策驱动。政策的颁布是实践的有力推手。重庆市政府通过制定相关政策、多次下发文件等措施，给重庆特色学校的建设提供政策保障与方向。重庆市教委按照科学发展观的要求，在全市中小学推进特色学校建设，提出深入研究学校的内涵发展问题，积极探索学校的特色发展、品牌发展道路，通过"强内功、塑特色"，破解城乡教育统筹发展中的难题，促进教育公平与社会公平。

（2）学术引领。理论发展和实践发展是相辅相成的，特色学校的发展离不开理论指导。只有以理论指导中小学的办学行为，才能为特色学校的发展找到合适的主题，确保学校特色沿着正确的方向前进。因此，重庆市特色学校发展也十分重视学术引领。由重庆市教委牵头开展了教育部"十一五"规划重点项目"中小学特色学校发展战略研究"，立足于重庆市教育的实际，培育一批特色学校。重庆市教育科学规划办公室设立了"特色学校发展研究"专项课题，各中小学结合发展现状，确立学校的研究课题，力争通过课题研究挖掘学校特色、凝练特色理论，进而指导学校的特色建设实践。

（3）学校主动发展。重庆市在特色学校建设过程中积极构建了纵横联合推进模式。"纵"即是由重庆市级教育行政部门（科研机构）、各区县教育行政部门（教研机构）和各实验学校三级组成的分层次推进序列；"横"即由不同区域学校、不同层次学校、不同发展特色学校等组成的各类研究共同体。2006年初，共有180所学校申请成为实验学校，并确立研究课题。这些实验学校依托

[①] 龚春燕，张可，胡方.政策驱动　学术引领　学校主动发展——重庆特色学校发展模式[J].人民教育，2013（Z2）：65–66.

教育研究机构及特聘专家团队等开设特色项目专题培训。目前，沙坪坝区金沙街小学、九龙坡区杨家坪小学等一批薄弱学校，正是以创建特色学校为抓手，根据各自学校的实际状况，充分挖掘本校的文化传承和潜在优势，最终形成自身的特色，学校教育质量得到全面提升。

2. 江苏省南京市溧水区小学特色文化建设实践[①]

江苏省南京市溧水区把特色学校的建设重心放在了特色文化上，开展小学特色文化建设和评估活动。

（1）依据教师优势，打造特色文化。例如，云鹤小学的魏和根老师喜爱科技创新，并且多次带领学生一起获得科技大奖，云鹤小学以魏老师的实践为例，打造了学校的"科技文化"。

（2）借助乡土资源，打造特色文化。溧水区白马镇有悠久的养蚕历史，而白马中心小学正是借助这一优势让学生认识蚕、了解蚕，并且将"蚕文化"融入学校的课程和实践活动中，丰富有趣的"蚕文化"成为学校的文化特色。

（3）依靠外力支持，打造特色文化。中国香港咏春拳传人的弟子在群力小学任职，所以群力小学借咏春拳的资源，开发了校本课程和特色活动，并发展了"咏春拳文化"。

（4）利用社区条件，打造特色文化。状元坊小学地处状元坊，状元坊的典故深入人心，激励后人。状元坊小学利用这一社区优势设置相关的校本课程，并通过开展小状元评选活动，形成"卓雅教育"文化，学校的文化品牌也得以彰显。

（二）国外特色学校建设经验

1. 英国特色学校建设经验

（1）灯塔学校。灯塔学校（Beacon Schools）是指经过某种认定具有某种特色，并且这种特色能够成为其他学校的典范得到推广，同时也愿意把自己的

---

① 章明. 打造特色学校文化　助推学校内涵发展——江苏省南京市溧水区小学特色文化建设实践［J］. 中小学校长，2018（11）：63-67.

特色和经验提供给其他学校的学校。在英国，灯塔学校由英国教育及技能部认定，要成为灯塔学校必须连续三到四年经英国皇家督学评定为杰出学校，并有明确的证据显示，即学校在某些方面的教育措施有杰出的表现，能为学生发展提供良好的教育环境和有效提高学生的课业成绩，并可兼顾学校改进实务与教师专业成长。所谓的杰出表现包括：创新课程发展、行政领导与管理、提供优质教育、欺凌行为防止教育、加强家长参与、新进教师培训等。

（2）城市技术学院。城市技术学院（City Technology College）是由企业和国家共同投资，属于英国教育部，是私人资助的公立学校，招收不同层次水平的学生，提供偏重科学和应用性技术学科的教育。在教师聘任、课程的设置、学校的日常管理及教学等方面都很有特色。①教师聘任。招聘教师的标准是看其是否对教育事业充满热情，对学校教育是否有自己独特的见解和理念，聘任的范围是所有在岗人员。学校希望通过招收不同性别、经历和年龄的教师来丰富教学方式，刺激教学改革。②课程设置。城市技术学院在遵循国家统一课程的原则下，创新开发了许多不同类型的课程，使课程呈现多样化的特征。③学校管理。学校通过让企业派代表参与学校的管理，给学校提供建议和意见来使学校的各项工作充满生机和活力。④教育教学。城市技术学院的教学方式具有很强的实践性及灵活性，学校的大多数课程以小组为单位，教师的评价也以小组为单位，鼓励学生合作完成学业任务，注重开发学生的协作和创新能力。

2. 美国特色学校类型

（1）磁石学校。磁石学校（Magnet School）是20世纪70年代在美国产生的。磁石学校建立的初衷是为了打破学区限制，加速取消种族隔离的进程，并通过开设地方公立学校所不具备的专门课程方案或课程，以吸引更多的学区以外的学生前来就学。磁石学校的建立共分为四个关键步骤：选择合适的教学主题、选择及培养优秀员工、积极开发社区资源、建立学区支持。这四个关键步骤是每个磁石学校在建立之初都会经历的，但是这四个关键步骤的顺序不是一成不变的，是可以根据学校建设而有不同的选择。在磁石学校建成之后，学校会宣传招生，回答家长的所有疑问，通过简化学校申请程序、明确招生标准、解决交通问题等途径提升家长满意度。保持活力，实现对家长的承诺。学校除了为教师提供合理充足的时间，为实现高质量的学科专业发展提供帮助、创造条件之外，还会参照国家课程标准，协调学区课程安排。如今，磁石学校追求严格高质量的教学，注重培养学生切实的、适合市场需求的职业技能，在招生上实行开放的入学制度，推行并坚持生源的多样性。磁石学校的办学特色体现为如下几点：第一，以特色课程和灵活教学吸引家长和学生。学校的课程在教学内容和教学方法上，与其他学校同年级（年龄）的学生有很大差异，往往开设一些专长课程，如音乐、戏剧、计算机等，可以满足有特殊兴趣和特殊能力学生的发展需要。第二，学校在课程改进计划和教师培训方面能得到政府的专项资助。第三，学生入学不受学区限制，可以跨学区入学。第四，学生的入学要经过特殊考试，不同社会背景、不同种族的人可以就读同一所学校。第五，教师可以自行根据学生的特点和自身经历开发新课程。第六，成员对学校具有很高的认同感。

（2）蓝带学校。蓝带学校（Blue Ribbon School）是指在行政领导、课程、教学、学生成就和家长参与等方面具有杰出表现而接受表扬的卓越学校。在美国被选为蓝带学校的学校，必须是在追求所有学生卓越成就上具有强烈使命感的学校。蓝带学校遴选标准需要满足两个条件：一是学校里至少有40%的学生来自低收入家庭；二是学校里学生的成绩位于本州组织的考试的前10名位置，注重学生的成绩是蓝带学校的最大的特点。[1]蓝带学校的建设从以下几个方面进行：明确而聚焦的办学理念、基础性与特色化相融的课程设置、注重差异化的教学方式、运用多元合力的组织管理、完善的教师专业发展培训。[2]

（三）国内外特色学校建设对南海区特色学校的启示

1. 重视教育人力资源的开发与利用

在建设特色学校的过程中，我们需要真正认识到校长、教师在学校建设中的作用。建设特色学校，我们需要特色教师，只有这样，在教育教学中才能将

---

① 罗建河，徐锋. 英、美特色学校建设的经验与启示［J］. 教育导刊，2011（02）：48-51.
② 曹阿娟. 美国蓝带学校办学特色的探析与启示［J］. 教育科学论坛，2013（12）：5-7，4.

特色发挥展示出来。在英美特色学校的建设中，校长、教师、学生以及相关的专家等，都是特色学校建设必不可少的人力资源，他们对特色学校的认知与建设水平是影响特色学校建设成功的关键。校长的特色意识对特色学校的建设起着引领方向的作用；教师是特色学校构建的第一人力资源，特色学校理念的实施和推行必须通过特色教师才能实现；学生作为特色学校教育的接受者，对于特色教育的感受及反馈，也是专家对特色学校建设提出可行性意见的重要依据。

2. 重视学校同教育消费者以及社会团体的合作关系

在教育类型日益多样化的今天，不同的家长和学生有不一样的教育需求，重视教育消费者的需求非常重要。同时，特色学校很重要的一个特点就是注重与学校外部伙伴建立良好的合作关系，充分挖掘社会可利用资源。一所特色学校不仅需要师生与家长的参与，更需要关心学校建设的社会公众的共同参与，只有各方都建立起有效顺畅的沟通渠道，才能为学生的健康成长提供好的环境和更多的资源。

3. 从学校自身历史文化底蕴寻找特色

从国内与国外特色学校建设的概述中可以看到，很多学校基本上均以自身文化底蕴为基础，结合时代特色进行特色学校建设。特色学校建设就是需要建设与众不同、独具特色的学校，我们在借鉴别人特色发展的同时，更需要审视自身，从自身发展寻找特色，打造特色学校。

4. 建设特色学校，需要多管齐下

不论是国内还是国外，特色学校的建设都需要特色课程作支撑。课程作为学校发展、教育教学的重要环节，是能够促进特色学校建设的有力武器。通过特色课程的建设，带动教师与学生进行特色化教与学，这是最直接也是最有效的特色学校建设成果的展现。同时，不能忽视办学理念、管理、文化建设等方面，特色学校的建设要想深入人心，就需要潜移默化地对人产生影响。因此，为建设好特色学校，我们需要从多方面入手，多管齐下。

3

得法：探求特色学校推进区域基础教育优质均衡的良方

第一节 把脉南海基础教育优质均衡发展

佛山市南海区，地处粤港澳大湾区腹地，广佛极核中心地带，面积为一千多平方千米，常住人口三百多万人。南海是广东省三大民系之一——广府民系的核心区域，亦是珠江文明的发源地之一，历史底蕴深厚，文化源远流长。自秦朝以来，南海一直位于岭南地区的政治、经济和文化中心地带。南海素有崇文重教之风，名人辈出，涌现了邹伯奇、陈启沅、康有为、詹天佑、黄飞鸿、叶问、何香凝、陈香梅等一批杰出人物。

南海是改革开放的先行区，素有广东"首府首县"之称，广东"四小虎"之一，曾创造县域经济发展的"南海模式"。南海区已连续六年位居全国中小城市百强区第二名，辖区内狮山镇、大沥镇、里水镇、西樵镇、九江镇、丹灶镇，均进入2019年全国综合实力千强镇前100名。区内目前形成了以制造业、民营经济、中小企业为主的经济特点。民生保障到位，市民的幸福感、获得感持续提升，近年来3次荣获"幸福之城"称号。

崇文重教的传统造就了政府高度重视教育，社会高度关注教育的良好氛围。在各级政府和社会各界的支持下，南海教育取得了一系列的成绩，在省内已形成品牌效应。

一、南海区教育发展现状

目前，南海区现有幼儿园406所，中小学校227所（含民办学校），在校（园）学生约53万人。南海基础教育实力雄厚，历年中高考成绩均在全省处于领先地位。全区7个镇均是广东省教育强镇，其中义务教育阶段学校为广东省标准化学校，南海区是广东省第一个教育强区，首批"广东省推进教育现代化先进区"，广东省首批"全国义务教育发展基本均衡区"，全国"两基"工作先进单位。南海于2010年成为"推进基础教育高水平均衡发展"国家教育体制改革试点单位，2015年成为中国基础教育质量监测协同创新中心区域教育质量监测联盟单位，2019年成为全国未来学校实验区，2020年成为国家级新型教与学改革实验区。

二、南海区基础教育优质均衡发展存在的问题及原因

随着教育的不断深化和改革，南海教育活力持续被激活，教育品质日益攀升，基础教育正在逐步实现优质均衡。但是，在迈向优质均衡的过程中，由于经济和社会发展等因素的影响，南海也面临着一些亟待解决的问题。

（一）人口激增导致优质教育资源供不应求

优质教育资源供不应求是南海基础教育面对的第一个问题。南海区是人口流入区，发达的经济吸引着大量人员涌入南海区务工，人口的流入也带来了大量的受教育适龄儿童。受教育适龄儿童的家庭普遍对优质教育资源具有强烈的需求。尽管南海教育在发展的过程中不断产生优质教育增量，但由于人口涌入过快，现有优质教育资源无法完全满足居民需求，而优质教育资源增长速率跟不上需求增长速率，这也迫使南海亟须思考如何盘活优质教育资源存量，创造优质教育增量，满足群众对教育的需求。

（二）城乡二元结构导致教育不均衡

南海区是典型的城乡二元结构地区，从整体上看，各镇（街道）在经济上均有较好的发展，但是各镇（街道）的发展仍然存在不充分、不均衡的现象，表现为东部地区优于西部地区。伴随城乡二元结构产生的是教育发展的不均衡——优质教育资源更多地集中在城镇化程度高的地区，东部地区教育发展优于西部地区。尽管区域从宏观上对教育资源进行重新调配，但如何促进各地区自身创生优质资源，才是真正促进各地区教育均衡的根本措施之一。

（三）教育同质化导致学校发展动力不足

教育同质化是基础教育领域普遍存在的现象之一，校与校之间缺少差异，

在办学目标、教育理念等方面，各个学校日益趋同，学校个性日益模糊。在早期的教育发展过程中，南海区也存在教育同质化现象。学校在管理、办学、校园文化等方面定位同质，对学生发展的培养目标和评价单一化。这些导致南海区学校在个性化教育方面出现不足，在追求内涵式发展上缺乏内动力。

第二节　覃思特色学校促基础教育优质均衡的南海之法

　　面对区域基础教育优质均衡发展过程中存在的问题，南海区深入研究国家重大教育政策，研习国内外教育理论与实践，回顾本区教育发展历史，充分考虑来自政府、经济和文化上的优势与支持，最终选择以特色学校为重要抓手之一，推进区域基础教育优质均衡发展。

一、特色学校建设推进区域基础教育优质均衡发展

　　特色学校建设有利于推进区域基础教育优质均衡发展。究其原因，从微观层面上讲，教育优质均衡的核心是教育质量的优质，体现在促进学生个体的全面发展和个性发展上，为学生生涯发展奠定坚实的基础。特色学校发展方向的确定是以国家与区域对学生的发展要求为基础，结合本校学生现有特点和未来发展需求，在特色学校建设过程中，更有针对性地提高学生素质，为学生提供合适的教育和发展空间，最终提升教育质量。从中观层面上讲，特色学校建设通过学校自主发展，发掘利用社区和学校各类自然和人文资源，激发特色发展的内动力，激活各级各类学校自身潜能，打造特色教育品牌，逐步消除校际差距，实现校际均衡发展。从宏观层面上讲，特色学校创建可以实现学校特色发展和内涵式发展，提升外部影响，吸引外部资源，进一步促进学校特色发展。借助这一良性循环，将政府、学校、社区、家庭等资源有机融合，共建特色学校，实现区域内部优质教育资源的创生。

二、南海区开展特色学校创建的区域优势

在开展特色学校创建上，综合考虑南海区政治、经济、文化和社会等要素，总结出以下几个主要优势。

（一）教育优先，政府高度重视

面向每一位学生，办好每一所学校，让每个孩子都能享受公平优质的教育，这是教育均衡发展的根本要求，也是群众对教育的强烈需求。南海区委、区政府高度重视教育，紧扣"教育是最大的民生"这一核心主线，立足"办好面向每个人、适合每个人的教育"，坚持把教育当作头等大事，凝聚全社会力量和智慧支持教育发展。历次教育综合改革文件均一以贯之地将特色学校建设作为推进区域教育优质均衡发展的关键举措，保障了特色学校建设的系统性和连续性。自2001年以来，南海出台系列方案，实施改薄工程、创建优质民办校、扩建优质高中，加强学校资源配置。自2003年以来，南海区连续出台了《佛山市南海区教育创新行动纲要（2003—2007年）》《佛山市南海区创建广东省教育综合改革示范区实施方案（2010—2020年）》等一系列政策文件，将特色学校建设作为推进区域教育优质均衡发展的重要手段，并投入大量人力与物力推进特色学校创建。来自政府的高度重视为南海区特色学校建设提供了强大的保障。

（二）崇文重教，多方合力支持

区域经济是教育发展强大的后盾。南海区地处广佛都市圈核心地区，毗邻港澳，紧连广州，区内民营经济发达，各类企业资源丰富，涉及制造业、高新科技产业、金融业等，种类繁多，经济连续六年位居全国中小城市百强区第二名，发达的经济为特色学校建设提供了有力支持。自古以来，南海便形成了崇文重教的社会氛围，各方普遍关注教育发展，热心教育事业，为教育发展持续投入大量资源。学校在融入社会资源的过程中，加快了特色学校的建设步伐。一年一度的"南商教育基金"奖教奖学大会，便是社会关注教育的典型体现——"南商教育基金"由南海区总商会发起建立，接受以企业家捐赠为主的社会捐赠，专门用于奖励教育战线表现优秀的教师、学生，并帮助家庭经济困

难学生完成学业，每年奖励学生、教职工和教育团队近3000人。

（三）历史悠久，文化底蕴深厚

南海区历史悠久。自古以来，南海都处于广府文化的核心地带，文化底蕴深厚，地域文化特色鲜明，民俗活动丰富，带有浓厚的岭南文化气息。现有桑园入选世界灌溉工程遗产名录，非物质文化遗产项目共59项，其中佛山十番、广东醒狮为国家级非物质文化遗产，官窑生菜会、乐安花灯会、九江双蒸酒酿造技艺、九江传统龙舟、盐步老龙礼俗、咏春拳·叶问宗支、南海藤编、金箔锻造技艺、大仙诞庙会（西樵大仙诞）、粤曲、九江煎堆制作技艺为省级非物质文化遗产。现有非物质遗产代表性传承人共100人次，文化传承绵延不绝。辖区内的西樵镇松塘村和里水展旗村是著名的状元乡里。在社会发展过程中，南海凝练了"海纳百川、敢为人先、团结奋进、脚踏实地"的南海精神，这一精神深刻地印在每个南海人的文化基因中。悠久的历史、深厚的文化和世代传承的南海精神为南海特色学校发展提供了沃土和根基。

三、南海区以特色学校促基础教育优质均衡的理念建构

南海教育在发展的过程，逐步形成优质校、后发校和新建校三种主要的学校类型：优质校指办学成绩在区域教育中拔尖，社会声誉较高的学校；后发校指办学质量尚有待提高，学校发展后劲不足的学校；新建校指基于区域发展而规划新增的学校。

（一）每一类学校都有优质发展的诉求

上述三类学校最终的发展目标都是实现每一所学校优质发展，但三者追求优质的目的有所不同。

优质校是区域优质教育资源的重要组成部分，其在发展过程中已经具有优秀的办学成绩，形成了较为稳定的学校管理和办学模式等。从一定意义上说，优质校在学校进一步突破发展上更容易遇到瓶颈，学校追求更优质发展的路径，也就是优质校对优质发展的追求是"从优质走向更优质"。

后发校在学校环境、学生培养、学校管理、教师发展等方面普遍较弱，对于后发校来说，如何摆脱薄弱，实现优质发展是学校最急迫的需求，即后发校

对优质发展的追求是"从薄弱到优质"。

新建校往往具有更好的环境基础，但新建校所面临的发展问题是如何有计划地迅速成长为新优质校，创生优质教育资源，也就是新建校对优质发展的追求，具体表现为"从一开办就优质"。

区域基础教育优质均衡发展的表现之一就是区域内每一所学校都获得长足发展，成为优质教育资源的创生者。而特色学校建设可以满足上述三类学校的发展需求，推动学校创生优质教育资源，促进学校内涵式发展。

（二）特色学校建设助力每一类学校达成优质

从理论上分析，特色学校创建可以满足优质校、后发校和新建校追求学校优质发展的目标。

对于优质校，学校发展本身已经到达一定高度，各方面已经相对成熟。学校需要上位理念统领各方面，推动学校向更高位发展。特色学校建设有利于学校挖掘优秀的办学经验，通过呼应新时代人才培养要求，提炼办学理念，统领和重构学校各方面资源，推动学校再发展。同时，借助特色学校建设成果，学校借势向外推广优秀经验，扩大学校影响力，彰显学校优质办学品牌。

后发校由于没有充分挖掘自身潜能或者没能充分借力发展契机等原因，在发展过程中处于相对落后状态。借助特色学校创建，学校势必需要充分挖掘自身所具有的优势，发展特色项目，在特色学校创建的过程中，有效开发自身在办学理念、师资、课程、管理等方面的资源，使得后发校成为教育资源的创造者和提供者，实现优质教育资源创生。

新建校的特点在于"新"。"新"的一层含义是校园环境的"新"。此类学校普遍以高投入和高标准建造，在硬件设施上处于全区学校前列。因此，新建校更需要在办学软件上下功夫，提升学校软实力。而"新"的另一层含义是学校内涵的"新"。新建校在内涵发展上犹如一块待雕琢的璞玉，通过特色学校建设，有利于学校有目的、有计划地对学校发展进行系统顶层设计，自上而下稳步推进学校内涵发展，实现学校飞跃式发展。

在特色学校建设的氛围下，整个南海形成校校争创特色，"一校一品"格局已然成型。在此基础上，南海形成了丰富的特色学校资源库，各个特色学

之间形成共建共享的良好氛围，共同推进区域教育优质均衡发展。

（三）"让每一类学校优质而有特色"，成就区域教育优质均衡

　　基于特色学校建设对三种主要类型学校内涵发展和优质发展的可行性分析，南海区提出了"优质学校特色强校，后发学校特色兴校，新建学校特色立校"的理念——以特色学校建设带动各类学校发展，实现每一所学校对优质发展的需求，让每一所学校优质而有特色，学校之间错位发展，各具特色，不断创生优质教育资源，缩小城乡教育差距，整体推进区域基础教育优质均衡发展，促成"品质教育，学在南海"的教育格局。

4

第四章

优术：开辟特色学校建设
的南海之路

第一节　提供南海特色学校建设的强保障

特色学校建设是南海区品牌行动计划的重要内容，是建设"大城名校"、培育"大城良师"、培养"大城英才"、成就"品质教育"的有效抓手。为了高效推进特色学校建设，南海区从政策、财政、教育科学研究、推广平台等方面推出一系列保障措施。

一、以政策定基调

政策为推进特色学校创建提供依据与支撑。历年来，南海区在《佛山市南海区教育创新行动纲要（2003—2007年）》《佛山市南海区教育发展与创新行动计划（2008—2012年）》《佛山市南海区创建广东省教育综合改革示范区实施方案（2010—2020年）》《佛山市南海区教育事业发展"十二五"规划》《佛山市南海区深化教育综合改革工作方案（2016—2020年）》《佛山市南海区教育事业发展"十三五"规划》《佛山市南海区品牌教育创新行动计划（2018—2020年）》《佛山市南海区教育事业发展"十四五"规划》《南海区特色学校创建指导意见》《南海区推行中小学教育质量绿色评价指导意见》等重要区域教育改革发展与规划文件中均多次强调特色学校创建工作在南海教育发展中的重要地位，并将特色学校建设作为推进区域教育优质均衡发展的重要手段，为特色学校发展提供方向指南，还将特色学校建设纳入教育质量监测体系，促进工作持续稳定推进。

二、以财政生动力

特色学校建设涉及校园文化、教师培训、特色项目开发、功能场室建设等学校发展的方方面面，而这些方面的建设都离不开资金的支持。

一方面，南海区委、区政府高度重视教育发展，教育财政投入逐年递增，保障学校建设的基础投入，确保教育优先发展。

另一方面，在特色学校建设上，南海区引进"特色学校创建财政资金竞争性分配"，建立"区—镇—校"三级竞争性资金分配策略，帮助学校解决发展资金问题，更重要的是通过竞争的方式，鼓励学校充分挖掘特色元素，以最优的特色建设方案参与竞争，签订协议，定期接受考核评估，以竞争激发学校挖掘特色、建设特色和实现特色的内动力。所谓"区—镇—校"三级竞争性资金分配策略，主要体现为两层含义：第一，区级层面通过"特色学校创建"项目竞争性资金分配，确定一批高潜力的特色学校培育单位进行扶持，同时南海要求辖区内各镇（街道）对获批竞争性分配资金项目的学校实行1：1配套资助，加大特色学校建设力度；第二，区级财政资金竞争性分配的实用性与高效性引起了涟漪效应，南海各镇（街道）和学校纷纷效仿。一是镇街实施的整体竞争，扩大了竞争的参与面，如大沥镇的"创特色·树品牌"、狮山镇的"特色学校创建"、九江镇的"学校特色创建"等竞争项目。二是镇街实施的专项竞争，旨在补长发展短板、提升总体教育水平，如狮山镇的"校本培训""校园文化建设"、里水镇的"教师培训"、西樵镇的"特色项目"、大沥镇的"薄弱民办学校特色创建"等竞争项目。三是学校内部的特色科组建设，将特色建设进一步落地生根，如盐步中学的"特色科组创建"、和顺一中的"打造高效课堂的品牌科组、品牌备课组、品牌教师"等校内竞争项目。由此，形成共建特色的局面，全面充分赋能区域特色学校创建的动力，深化了"一校一特色"，形成了"一镇一品"的优质均衡发展格局。

三、以科研促深化

南海区素来注重教育科研工作，在区内着重推进以科研思维解决教育问题的工作思路，科研工作已形成一套成熟的管理体系，建设了一批优质科研基地，培养了一支具有较高科研素质的科研骨干队伍，并且建立了强大的专家资源库。在特色学校创建工作中，南海区采用课题推进的方式，鼓励各特色创建学校发现特色发展过程中存在的问题，在理论和专家的指引下，借助科学的研究方法，制定问题解决方案，在实践中解决问题，并发现新问题。通过发现问题和解决问题的不断循环，最终实现特色学校建设工作的不断深化。譬如，该区连续开展了三届竞争性财政资金分配活动，均是以教育科研管理思维进行推进的，所有受资助项目的工作开展均须遵守"前期论证—中期检查—终期验收"的流程；2009年，南海区三所高中获批立项全国特色高中创建专项课题，课题带动全校特色发展；2016年，南海区设立"特色学校创建"专项课题，并立项78项，发展了一批优质特色学校建设成果；2019年，南海区设立区级教育科研规划课题推广应用项目6项，目的在于推进特色学校建设的优质成果对外辐射，形成影响力。

四、以平台推品牌

在特色学校创建过程中，南海区注重搭建交流平台，向全国各地的教育专家与同仁取经，借鉴先进理论与经验，完善南海特色学校创建工作体系。在区域推进特色学校建设的过程中，南海区一方面通过政策宣传、媒体宣传等方式，建设特色学校发展的良好舆论环境，另一方面积极为区域内的学校搭建各种宣传推广平台，孵化和推广优秀特色学校创建的成果。一是广搭学术交流平台。南海区每两年举办一次教科研活动周，专门开辟特色学校创建经验分享专场，邀请区内外学校进行分享交流。举办新时代全国特色学校建设研讨会等全国性学术会议，与北京、上海、天津、重庆、浙江、深圳、河南等各地区专家和校长等进行交流与合作，宣传南海特色学校建设的实践经验，学习优秀创建经验。二是借力期刊杂志。南海区与《中国教育报》《人民教育》《广东教育》等主流媒体合作，通过报道或发表系列南海区特色学校创建的优秀成果，提升区域特色学校创建的影响力。三是进行区域合作。南海区与广东东莞、湛江、梅州，浙江宁波，山东滨州，湖南益阳等地区形成友好关系，相互学习优秀经验，既提升了南海的对外影响力，也充分借鉴了优质经验。

在上述四大保障措施下，通过顶层设计，结合实践经验，南海区提炼出了特色学校建设的三种机制以及四条路径。

第二节　构建南海特色学校建设的新机制

南海区特色学校建设工作采用区域整体推进的方式开展，为了更好地推动各校参与特色学校创建，南海区从顶层设计出发，启用竞争激励机制、项目耦合机制和集群共进机制，打造区域整体推进特色学校建设的运作网络，实现学校内部与外部的整体联动以及学校个体与区域整体的共同发展。

一、竞争激励机制：激发特色学校建设内动力

（一）竞争激励机制的内涵

竞争激励机制是指管理者与参与者之间通过一定的契约关系实现相互作用，最终既实现管理者的目标，又实现参与者的个体发展目标。该机制在特色学校创建中特指在区域教育系统内，教育行政部门基于区域教育发展目标，通过投入财政资金，利用竞争分配的手段激发学校特色发展的内动力，促进学校优质发展，从而实现区域教育整体优质均衡。

根据本区域教育发展的特点，南海区构建了特色学校创建的竞争激励机制（见图4-2-1）。该机制包括了激励主体、激励客体、激励过程。其中，激励过程包括三个维度：激励环境（分为外部激励与内部激励）、过程控制与反馈促进。

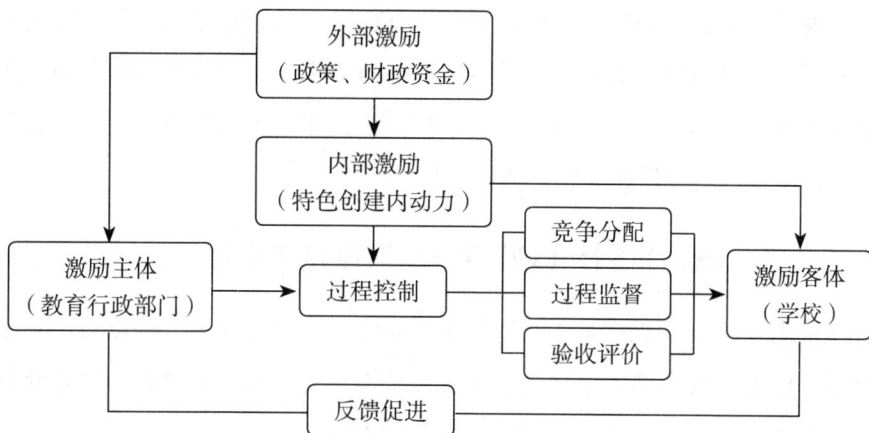

图4-2-1　特色学校创建竞争激励机制图

作为激励主体的教育行政部门通过政策、财政资金等外部激励因素促使作为激励客体的学校产生特色创建内动力，两者构成激励环境。教育行政部门通过竞争分配、过程监督、验收评价等方式对学校的特色学校创建过程进行控制，以保证特色学校创建的质量。学校在特色创建过程中实现优质发展，继而促进区域教育优质均衡发展。

（二）竞争激励机制的南海实践

2011—2021年，南海区连续四次开展"特色学校创建"财政资金竞争性分配。区教育行政部门出台相应的竞争方案，包括评选周期、评选资格、评选标准等内容。学校充分挖掘办学理念、校园文化、学校管理、办学设施、课程、教育教学和教师队伍等特色，形成方案，自主申报。南海区教育局组织专家评审、现场答辩等环节，最终确定培育学校，并进行资金扶持。竞争性分配体现了三个特性：一是全体性，以竞争的方式激发学校主动发展，使不同发展阶段的学校都保持力争上游的动力；二是指向性，每次竞争都指向不同类别的学校或不同主题的特色，以资金竞争的方式传递区域教育教学改革理念，旨在引领破解区域教育发展中的难点、重点、痛点问题；三是发展性，强调增量评价，效益强、效能高的学校才能获得资助。

在创建过程中，南海区出台《南海区特色学校创建指导意见》，从建设规范、建设过程和建设成效上进行质量把控与指导。同时，区教育局组建由教育专家、财务专家和行政部门共同组成的专家团队，从特色学校建设方案的科学性、实用性、可行性等方面进行监督，并通过中期检查和终期验收等方式进行阶段性评价与反馈，让学校掌握特色学校建设效果，及时调整特色学校建设方案，督促学校按时按质完成特色建设工作。

二、项目耦合机制：以项目驱动学校特色发展

项目耦合机制（见图4-2-2）在特色学校创建中指的是学校以特色项目为耦合器，促进学校内部办学理念、课程、校园文化、管理、队伍等要素相互作用，促进政府、学校、社区、家庭等主体有机联结。

该机制既包括内部系统的运作，也包括外部系统的相互作用。其中，外部系统指的是特色学校创建的主体及其相互联系。主体包括政府、学校、社区、家庭，各主体在教育上有各自的目标：地方政府的目标是实现区域内教育总体优质均衡发展；学校的目标是实现学校持续高水平发展，家庭与社区期望获得优质教育资源。在目标上，各主体间存在相互依赖的关系，包括政策规划上的相互依赖和教育资源上的相互依赖。内部系统指的是学校特色创建要素之间的相互作用。这些要素包括办学理念、课程、校园文化、管理、队伍等。

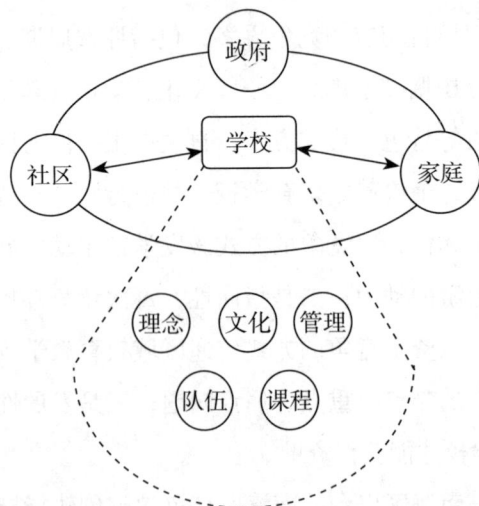

图4-2-2　项目耦合机制示意图

项目耦合机制就是以特色项目为耦合器，促进学校内部的办学理念、课程、校园文化、管理、队伍等要素相互作用，促进政府、学校、社区、家庭等主体有机联结。项目耦合机制包含三层：特色项目如何产生，特色项目如何带动学校整体发展，特色学校建设如何联动政府、家庭和社区等校外资源。

项目耦合机制重在解决特色如何来以及特色如何建的问题，从学校内部或外部环境入手，确定学校特色发展的项目。内部环境是基于学校历史沉淀或者师生发展需求等，而外部环境则基于政府、社区、家庭等需求及资源。学校考量内部环境和外部环境中的一方面或者综合考量两方面，以办学理念、课程、校园文化、管理、队伍建设等为突破口，并将其做优，成为学校的名片，形成学校特色项目。学校通过对特色项目不断进行强化，总结提炼出特色项目建设的思路与方法，迁移渗透到学校其他方面的发展，进而带动学校的整体发展。

学校发展不仅仅是学校自身关注的问题，作为教育的主要载体，学校的发展同时也受到政府、家庭和社区的关注。由于政府、家庭和社区拥有更多的优质资源，学校在发展特色项目时，可吸纳优秀的外部资源，协同促进特色学校发展。

三、集群共进机制：特色学校共同发展

（一）集群共进机制的内涵

集群共进机制指的是集群内部学校之间产生联系的机制。集群内的各个学校相互借鉴、相互弥补，以达到互惠互利、学校多样发展以及学生可持续发展的目的，并通过这种机制促进集群内部学校的优质发展。

基于南海特色学校创建的实践经验，该机制主要有三种运行模式：一是核心—卫星式集群模式；二是强强联动式集群模式；三是复合式集群模式。

1. 核心—卫星式集群模式

在区域内各学校的特色创建的水平存在差异。一部分学校具备较丰富的特色创建经验以及创建资源，另一部分学校由于经验或资源不足导致学校特色发展不明显。当两类型学校处于同一集群中，它们形成一种带动与被带动的关系。前者作为核心学校，后者作为卫星学校，核心学校辐射带动卫星学校，实现学校之间共同发展（见图4-2-3）。

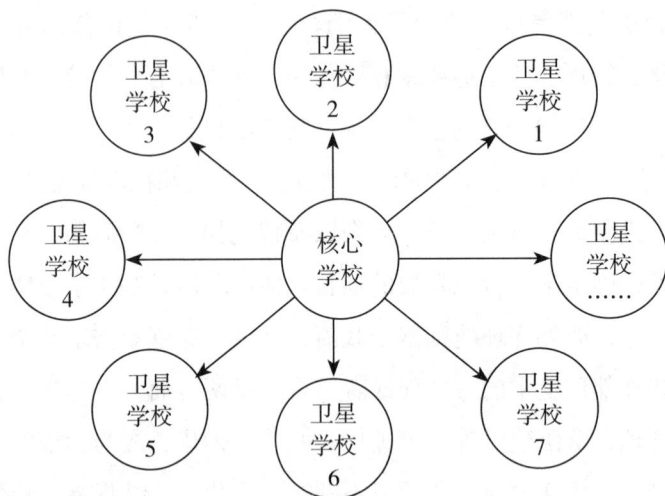

图4-2-3　核心—卫星式集群模式示意图

2. 强强联动式集群模式

在区域内存在一批特色创建水平较高的学校，它们彼此之间竞争力持平，在同一个集群内，它们共同分享资源和经验，形成一种良性竞争的氛围，实现学校间的协同发展。在南海特色学校创建的过程中形成两种强强联动式集群模式：一种是基于南海区普通高中多样化发展的政策导向所形成的高中分类创建集群，形成学术类特色学校、体育类特色学校、传媒类特色学校、综合类特色学校、国际课程类特色学校、德育类特色学校、科技类特色学校和艺术类特色学校等特色高中；另一种是基于南海区校际的特色优势，各学校以寻求新的发展资源和谋求特色发展路径为目的，彼此之间组成的集群（见图4-2-4）。

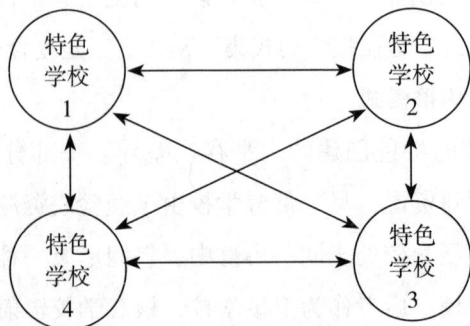

图4-2-4　强强联动式集群模式示意图

3. 复合式集群模式

集群发展不仅存在上述两种模式，还有两者相结合的复合式集群模式。这种模式兼具两种模式的特点。在该模式中（见图4-2-5），特色学校相互之间存在资源交流、共享和合作的关系，基于育人需求或者资源共享的目的，与其他学校结成联盟。复合式集群模式在南海表现为：一是基于普通高中的育人需求，辐射带动义务教育阶段的特色发展，构成了小—初—高纵向衔接的一贯制育人合作模式；二是基于特色项目资源共享，组成以特色为主题的集群，包括优质特色学校之间的集群模式与核心—卫星式集群模式，两种模式相互交融，彼此复合。

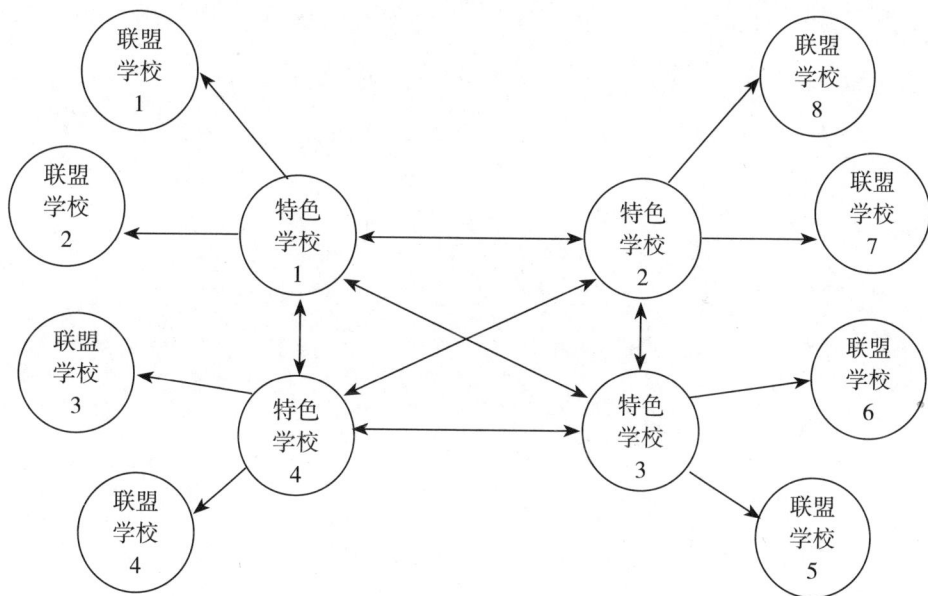

图4-2-5　复合式集群模式示意图

（二）集群共进机制的南海实践

南海区大沥镇形成了学片管理一体化机制，以特色课程与特色学校创建为抓手，构建纵横相交的教育联盟。横向层面由有共同优势项目的中小学组成6个特色课程（学校）共同体，包括科技特色课程共同体（含信息学、机器人、三模、科技创新、小小科学家、创客3D打印等子项目）、合唱特色学校共同体、足球文化特色学校共同体、"名著导读"特色课程共同体、数学与综合实践课程整合特色共同体、英语语音教学特色课程共同体等，实现强强联合，资源共享，相互学习，相互借鉴，相互促进，抱团发展。纵向层面由一所初中为组长校，由该初中招生片区所属的小学为组员校，组成一个中小学纵向衔接的教育共同体。共同体的特色课程（项目）实行双向拓展，即小学的特色项目向初中延伸承接，初中的特色项目向小学辐射打基础，更好地落实"基础教育一体化"工程。

第三节　形成南海特色学校建设的新路径

经过多年的理论研究与实践探索，南海区结合区域内教育现状，归纳出四类主要的特色学校创建路径，为特色学校创建提供了基本路线参考和实践样例，引导和推动了学校特色创建。

一、理念牵引，系统打造

办学理念是特色学校创建的灵魂与核心，是学校文化积淀的成果，能集中反映一所学校的本质、个性、精神面貌以及师生共同的价值诉求。它是学校在长期的办学实践中，基于学校自身发展，结合现代教育发展趋势和国家对人才培养的需要，逐渐形成的教育思想和教育价值追求的集合体。学校在此基础上思考和凝练出属于自己学校的教育哲学体系，系统回答学校要"办什么样的学校""培养什么样的人"等核心问题，为学校发展、教师发展、学生成长指明了方向。

"理念牵引，系统打造"，以办学理念为蓝图，对学校各个方面的发展进行顶层设计。通过系统构建，推动学校的整体特色发展。其基本路线是"确定特色办学理念—顶层设计—全面实施"。

特色学校建设是一场学校内生性的变革，办学理念是重要的动力源之一。但如何确定和提炼具有本校特色的办学理念，这是特色学校创建面临的第一个难题。一般而言，学校确定和提炼办学理念可基于以下几点：①结合国家教育发展要求及现代社会发展需求，对学校要"培养什么样的人"等价值诉求进行思考，在此过程中，逐渐明晰学校特色发展的方向和思路，提出自己的办学目标和人才培养目标，形成富有学校特色的办学理念。②基于学校内外部文化环境。一方面，根植于本校独特的办学基因、优良的办学传统和文化，进行重新梳理、解读、提炼，赋予其新的内涵，形成学校办学理念；另一方面，借助区域历史文化、社区资源等外部文化环境，对其进行分析和凝练，汲取其中具有普适性价值的精神内涵，将其融入学校育人目标与教育哲学中，提出学校特色办学理念，实现学校办学内涵的提升。③以校为本，充分认识学校自己的"个性"，准确分析学校发展的优势与劣势。一是学校对已有的传统优势项目所呈现出来的独特个性特征加以思考与挖掘，找到其在育人上的特殊价值与精神力量，并将此提升为可以统领学校发展的办学理念。二是通过诊断学校发展的劣势与问题，以问题为导向，在科学客观分析学校发展问题的基础上，提出和提炼办学理念，使之更适应学校发展。

所谓顶层设计其实质是"将系统理念贯穿于系统内部的各个子系统中，并要求每个子系统同样需要将理念延伸至下一个子系统，直到阐明系统的基本要素为止。"学校通过将办学理念作为学校整体发展的行动指南，搭建学校发展的办学体系框架，对学校管理、德育、教学、保障等各个系统和各个层级进行整体规划发展，制定具体的行动方案，最终拉动各个特色关键元素的改革和发展，实现学校自主、主动地发展本学校的特色，从而推动学校的特色建设发展。

不论多好的办学理念和顶层设计，只有真正落实到学校的方方面面，扎实实施，才能真正打造出具有鲜明特色的特色学校。在实施过程中应该注意以下几点：①学校应围绕特色理念对学校各元素进行整体系统规划，上下呼应，避免出现理念与具体项目"两张皮"的现象；②学校应基于特色理念，明确特色发展主体与目标，对特色发展主体进行有效提炼与整体规划，如特色课程、特色课堂、特色教师等；③借力多方资源，共同推动特色学校的创建。

南海区有一批特色学校采用理念牵引的方式进行特色学校创建。例如，石门实验学校的"扬长教育"、九江中学的"点亮教育"、华南师范大学附属小学恒大南海学校的"新君子教育"、狮山中心小学的"博爱教育"等。

案例一：

石门实验学校：扬长教育

石门实验学校是佛山市第一所民办全寄宿学校，广东省一级学校，第一批中国教育部"未来路线图"领航实验学校。

学校以"扬长教育"作为特色办学理念，促进学生成才和教师发展。"扬长教育"是指从生命成长的内在需要出发，汲取传统文化精华，借鉴现代教育理论，与SMES育人目标相结合（SMES，即Study、Morality、Enthusiasm、Surpass，SMES育人理念旨在培养"善于学习、崇尚感恩、充满热忱、勇于超越"的新时代人才)，面向未来，扬学生、教师、技术、社区、文化之长。在"找长—育才—扬长"的良性循环中，"以长补短、以长促长、以长促全"；在立德树人的教育实践中，聚焦核心素养，完善课程体系，建设学习中心，推动学习方式和育人方式的变革，将学生成才、教师发展的"出彩人生"融入民族复兴的伟大进程中。

学校以"扬五长"为抓手，落实"扬长教育"理念：

1. 聚焦课程，扬学生之长

每学期学校提供超过100门扬长课，开展百佳学生评选、迎新诗文朗诵、体育艺术比赛等活动，组建丰富多彩的学生社团和自主管理部门。精准而丰富的扬长课程，帮助学生发现更好的自己，成就更好的人生。

2. 平台，扬教师之长

学校深耕石门好课、青蓝工程等常规平台，组建名师工作室、石门导师团等专项团队，推进智慧德育、精准教学等校本化课题研🖊，促进教师项目化成长。

3. 协同育人，扬社区之长

2016年提出石门实验学校大社区概念，整合学校、学生、家长、校友等优质教育资源，开发扬长课程、校友沙龙、石门大课堂等品牌活动项目，劳动教育基地、海外研学基地、国际姊妹学校等协同育人空间，深度参与教育，赋能孩子的终身学习和长远发展。

4. 与时俱进，扬技术之长

"数智时代，技术赋能"，有序建设数字化教室、场室，更多地将智能化平台应用于教育教学实践，推进教师智能助手、智学网、智慧德育、深度课堂、电子班牌五大项目，逐步实现精准化教学、大数据分析和过程性、多元化评价。

5. 润物无声，扬文化之长

学校传承"任重道远，毋忘奋斗"的石门校训和"科学、协作、拼搏"的石门精神，在"实"和"变"中传承石门文化。"实"即指共享资源、协作教研，常态工作抓铁有痕。"变"指创新治理制度，推行"项目责任制"，与服务式行政督导、责任制年级管理、补位式家校合作、自主式学生管理相结合，目标导向、团队协作，在"计划—执行—检查—行动"的循环中，推进特色品牌建设，提升教育教学质量。

案例二：

华师附小恒大学校：新君子教育

华南师范大学附属小学恒大南海学校（以下简称"恒大学校"）位于佛山市南海区里水镇，创办于2008年，是由广东省教育厅直属省一级学校华南师大附小全面管理的现代化新型学校。

学校基于培养学生健全人格的需求，开始探索"感恩教育"系列教育教学活动。随着主题活动的成熟，学校开始思考课程化问题。君子文化是中华民族独特的精神标志，也是中国人独特的理想人格。恒大学校用现代社会人才发展核心素养观对君子文化进行重新诠释，提出了"新君子教育"理念，旨在培养具有"厚德、博学、雅健、自强、创新"五大素养的新时代全面发展的"全人式君子"。学校在校园文化、课程文化、家校文化的建设中落实"新君子育"。

1. 君子教育修炼校园风情

恒大学校十分注重建设君子校园文化，把景观文化建设和校园理念文化建设自然协调地融合在一起，创设出一种浓郁的、带有美感的君子文化氛围，将君子教育的校园文化提升为课程，让校园里的文化宣传、展板、活动、景观都成为熏陶学生君子文化的课程。

2.君子教育引领"五育并举"

恒大学校以五大"新君子"核心素养为引领，构建了"新君子"课程体系，以培育恒大学子的君子之范。确定"新君子"课程总目标为"培养品格高尚、博学多才、趣雅体健、自强不息、勇于创新的少年君子""造就拥有课程领导力的新教师"；创生了君子品格课程、君子智识课程、君子体艺课程、君子研学课程、君子科技课程五大课程模块。

3.教育带动协同教育

恒大学校以传播学的方式，让君子教育理念走出校园、走进家庭、走进社会。一是学生拉动家长。以"小手拉大手"的形式，影响家长，带动家庭，通过学生、学校来教育影响家庭，带动家庭成员共同参与"孝仁礼忠勇智"的实践活动。例如，定期组织"孝仁礼忠勇智"实践活动，让家长带领学生走进贫苦山区、福利院、养老院等实地去感受这些需要帮助的人。二是家长带动社区。通过一系列内涵丰富、贴近生活的"孝仁礼忠勇智"的实践活动来滋润孩子们的心灵，实现学校、家庭、社会联动。例如，通过丝带传播的方式，让家长以实际行动践行学校倡导的"孝仁礼忠勇智"，以此带动身边的亲朋好友，将丝带继续往下传播。通过传播学的方式影响家庭、辐射社会，初步达到"教育一个学生，带动一个家庭，影响一个社区，文明整个社会"的成效。

二、项目驱动，以点带面

特色项目是特色学校建设的重要起点，也是特色学校建设最常见的抓手。首先通过某一特色项目的发展，不断强化做优，使之成为区别于其他学校，具有本校个性特色的名片；然后以特色项目为核心，整合资源，进行优化，以此辐射、带动学校其他特色元素的发展，打造特色项目群，形成学校特色；最终基于特色项目，提炼其具有普适性的价值内涵与特色文化，使学校形成特色鲜明、全面优质的特色学校，其基本路线是"特色项目—特色项目群—学校特色—特色学校"。

（一）找准特色，精准破局

"学校特色发展是学校对区域、学校资源进行挖掘或重组利用，使之形成特定领域特色风格或优势的过程。"①特色学校创建的起点就是认识到学校自身的"个性"，找到自身特色风格或优势。因此，学校要基于自身"个性"的认识选择特色项目作为特色学校建设的破局点。那么，如何能找到适合学校发展的特色项目？一方面，可利用SWTO分析法，立足学校实际，分析学校的优势、劣势、机遇与挑战以及学校的硬件、软件（包括师资、教学、管理、科研等）等方面的情况，可以是本校目前已有的传统优势项目，也可以是针对当前劣势或问题，主动求变，自主创生的特色项目；另一方面，学校通过战略分析政策、地域文化、社区等教育资源，通过重组或者挖掘创生，确定特色发展方向，打造特色项目。

（二）整合资源，做强项目

一旦确定了特色项目，单靠某一资源是无法牵动项目的进一步发展的。因此，要想将特色项目做强，做到"人无我有，人有我优，人优我精"，就必须要整合硬件、软件、课程、师资、科研、管理等方面的资源，围绕项目延伸出与之相关的特色课程、特色课堂建设、特色师资队伍、特色科研等一系列特色项目，形成特色项目群，以点带面，全面优化。

（三）内涵提炼，深化特色

"特色学校的发展是全面发展，办出特色，而不是离开全面发展的基础和前提去片面发展某一特色。"②可见，某一特色项目是难以牵动学校的整体系统发展，也难以成为学校发展的动力。要将特色项目上升为学校发展的驱动力，必须进行深化研究，从特色项目中挖掘、提炼和表达与学校发展相适应的精神内涵价值，进一步深化项目的内涵，形成学校发展的特色，从单一特色项目驱动转变为整个系统、全方位的学校变革，打造特色学校。

项目驱动路径是南海区大多数学校所采用的特色创建路径，创建成效显著。例如，南海区艺术高级中学的艺术教育特色、黄岐初级中学的生涯教育特

---

① 范涌峰，张辉蓉.学校特色发展：新时期城乡义务教育一体化的内生路径与发展策略[J].教育研究与实验，2019（5）：70-75.

② 钟燕.特色学校：教育发展的内涵突破[M].重庆：重庆出版社，2010：68.

色项目、西樵第一小学的粤剧特色项目、松岗中心小学的本草特色项目等。

案例三：

南海区艺术高级中学：艺术教育特色

南海区艺术高级中学（以下简称"艺高"）是由南海师范学校于2003年转型而来的。学校转型后，充分考虑到学校已有的艺术学科教师以及艺术设施设备，再加上区域教育政策支持，决定以艺术教育作为抓手，促进学校特色内涵发展。经过近二十年的耕耘，艺高学生在艺术类竞赛中屡获佳绩，硕果累累，学校向国内顶尖名校输送大量优秀艺术类学子，学校先后获得"全国学校艺术教育先进单位""全国300所特色高中培育校"等荣誉称号，学校艺术特色教育品牌享誉全国。

南海区艺高为推动学校艺术教育发展，从五个方面进行顶层设计：

1. 打造艺术团队建设

教师团队是建设艺术特色的重要资源之一，学校集中精力打造一支实力卓越的艺术团队。组建艺术管理团队，定期学习艺术理论，形成艺术理论学习制度。保证管理团队对艺术教育具有总体性认知和敏感性。多渠道组建艺术教师团队，为教师团队争取政策支持，尽力解决艺术教师编制问题。学校现有艺术教师团队包括原师范艺术教师、新招聘高校艺术毕业生、高校艺术教师顾问，以及艺术助教。

2. 构建艺术课程体系

艺术教育没有统一的课程或教材，艺高基于本校校情，探索构建校本艺术课程体系，形成在艺术教育领域的话语权。学校构建大艺术课程体系，包含专业类、社团活动类、拓展类三类课程——专业类课程涵盖了素描、色彩、写生、舞蹈、器乐、声乐、视唱等内容，旨在培养学生艺术考试技能；社团活动类课程包含管乐团、合唱团、舞蹈队、钢琴、古筝、声乐社团，意在引进校外资源，为学生特长提供展示平台；拓展类课程包括书法、设计、陶艺、剪纸、版画，重在培养学生的艺术情趣，提升学生艺术审美能力。在课程体系下，艺高开发艺术特色校本读本，开设多门"融合型"校本课程。"融合型"校本课程融文化课教学与才艺培养为一体，融核心素养与家国情怀为一体，融课程改革与教学研究为一体，彰显学校的艺术特色。2018年，《中国教育报》对此进行了专题报道。

3. 搭建艺高特色的专业教学模式

南海区艺高坚持"美术生的成长在创作，音乐舞蹈生的成长在舞台"的培养理念，形成了完备的艺术高中特色教学模式（见图4-3-1）。

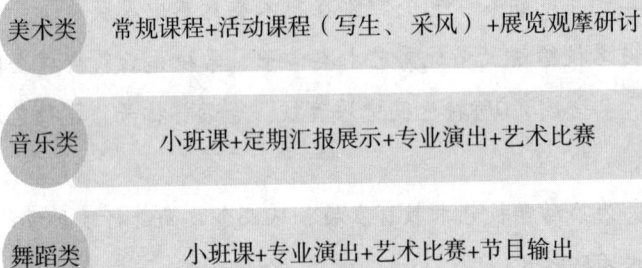

美术类　常规课程+活动课程（写生、采风）+展览观摩研讨

音乐类　小班课+定期汇报展示+专业演出+艺术比赛

舞蹈类　小班课+专业演出+艺术比赛+节目输出

图4-3-1　艺高特色教学模式

4. 以四个精品项目为载体，做强艺术特色

学校总结了艺术生"三个走出去、两个回归"的培养秘诀——三个"走出去"，即让学生走出校园体验感受；让老师走出校门教研交流；让作品走出校园接受检验。两个"回归"，即回归艺术教育本源，加强审美情趣的培养；回归艺术教学基础，扎实专业技能与素养。

5. 充分整合教学资源，提高特色办学品质

教学资源是保证艺术教育持续发展的重要资源。学校充分整合教学资源，持续改善、增加设施设备和场所，全面满足学生艺术特长的发展需要。紧抓教师发展，以教师科研能力和协同能力的培养为抓手，全力打造专家型教师队伍。同时，充分发挥校外资源的支持作用，利用公共场馆资源，与广东省美术馆、广州美术学院、星海音乐厅等建立了稳定的联系，定期组织学生参观展览，开阔视野；对接高校，引进优质高校教学资源；对标名校，建立与国内外艺术名校的合作交流机制。

案例四：

黄岐初级中学：生涯教育项目

黄岐初级中学（以下简称"黄岐中学"）位于佛山市南海区大沥镇，是一所镇属乡村初中。"生涯教育"是学校的一大办学特色。目前，学校围绕"生涯教育"，已经探索出较为完善的实施模式与路径。

1.生涯导航，引领学生进行人生规划

学校"生涯教育"教师团队从生涯启蒙、拥抱生命、认识差异、自我探索、时间管理、目标管理、生涯适应、职业信息、拥抱未来、社会实践、职引未来等方面开展"生涯教育"系列课程。在学生心中种下一颗规划自我生涯的种子，让学生在探索中思考，在思考后决策，在行动中成长。

2.搭建平台，促进学生多元发展

学生参与社团活动选修课，是学校开展生涯教育的重要抓手之一。通过社团活动，让学生了解自己的性格、兴趣与特长；通过生涯教育与学科的整合，让学生了解学科与未来中考、高考选科动向；通过寒暑假的社会实践活动，让学生了解社会发展对职业人的要求；通过模拟招聘会，让学生在自我认知和生涯探索的基础上，演绎自己的职业梦想，从而发展生涯规划能力。学校为学生搭建了各种各样的活动平台，促成了学生的多元发展。

3.创设学习空间，使每个学生都有进步

培养学生的自主学习能力就是培养学生生涯发展的重要素养之一。为此，学校开展系列自主管理、自主学习专题教育和主题分享；课堂上还学生的主体地位；定期进行"班级之星""自主学习标兵"等的评选，促使学生自主学习、时间管理能力的提升。

4.实行"导师制"，让不同层次的学生都获得进步

引导学生树立目标意识，学期初设定远景目标，每月、每周确定多个小目标；引导学生树立满分意识，不失一分不该失去的分数；培养良好心理素养，对待测验考试拥有自信心，对待分数结果拥有平常心，对待良性竞争拥有上进心，对待学业压力拥有抗压力。学校"高分屏蔽生"的培养通过精准选人、导师跟踪、精准教学、个性辅导获得了很好的效果。

5. 实行家校联动，充分发挥家校合力

通过建立"校—级—班"三级的家委会运行模式，形成了良好的家校沟通氛围；齐抓共管，促进了班级良好班风的形成。黄岐中学请家长进课堂，对同学们进行生涯教育，教授生活技能和开展职业讲坛，如《人际交往知多少》《理科状元讲学习方法》《马拉松健将教我们中长跑训练》《生命的拥抱——学习急救知识》等。

案例五：

西樵镇第一小学：粤剧特色

西樵镇第一小学（以下简称"西樵一小"）位于佛山市南海区西樵镇辖内，是一所乡村小学。2005—2009年，通过融通南海区文化馆等资源，经过顶层设计，学校逐步打造粤剧特色项目。

1. 系统打造，整体性设计

从2009年开始，在充分听取专家意见，综合学校办学理念后，西樵小学形成粤剧特色项目发展的顶层设计。从顶层设计出发，结合国家艺术课程标准，以校本特色课程为辅，学校设定了校本三级育人目标，先后研究制定了《"粤剧身段操"校本教材读本》《学生粤剧特色课程评价手册》等指导性文件，从"教"与"学"两个维度对粤剧特色项目进行了规范和引领。

2. 开拓创新，专业性培训

一方面，西樵一小与南海区文化馆的粤剧专业人员建立了友好合作关系，专家每周到校指导，引导对粤剧特色项目进行专业打造；另一方面，学校着重培养师资力量，大力开展粤剧兼职教师专业培训活动，积极参与广东省粤剧保护中心举行的粤剧推广基地学校师资培训，以及各级组织的粤剧专业教师的化妆、剧本创作、粤剧音乐等专业培训，设计并全面启用《教师粤剧兼职教师成长记录档案》，记录教师成长全过程，努力提高教师专业化发展水平，打造一支高素质的粤剧表演兼职教师。

3. 分级推进，整体性扩展

学校依据学段特点，推进粤剧身段操课程时，遵循"分层要求，稳步推进"的原则，一、二年级初级班，粤剧身段操渗透——学习粤剧身段操、念白、唱腔体验课程；三、四年级形成——学习全套粤剧身段操，进行全级性比赛；粤剧唱腔、念白、表演套路体验课程；五、六年级深化——粤剧身段操起到引领作用，承担各级大型比赛和演出、粤剧化妆、粤剧音乐体验课程。2012年，学校编写了实用性、操作性较强的粤剧校本读本，形成校本课程体系，并在全校开展。

4. 持续投入，辐射性打造

2016年开始，西樵一小着手创作精品粤剧粤曲作品，并形成一系列作品。借助课题研究，夯实课程系列体验课程的学科多样性，推动音乐学科向多元化课程融合，探索"粤韵童音"粤剧艺术节以及粤剧校本课程的推广模式，让粤剧校本课程向整个佛山市乃至广东省、国家级辐射，形成一定社会影响力。在粤剧特色项目的基础上，学校凝练"情韵教育"，统领和带动学校各方面同步发展。

三、靶向设计，统筹发展

区域人口增长与家长日益增长的优质教育资源需求与当前优质教育资源紧张的矛盾是当前南海区面临的主要教育问题。为此，南海区政府十分重视区域教育资源的优质均衡，一方面加大投入建设新学校，另一方面对原有学校进行改扩建，促进优质教育增量，办好每所学校，加大优质教育资源覆盖面。

对于新建校或改扩建校这一类的学校，其选择的发展道路应以本区域内学校建设多样化和促进提升为目标。为此，总结南海区改扩建校或新建校特色学校创建的经验，我们提出了"靶向设计，统筹发展"的路径。

"靶向设计"指立足学校发展或区域教育发展战略，聚焦社区、家庭对优质教育的需求，自上而下精准定位办学特色，统筹学校特色发展。它的基本路线是"需求分析—顶层设计—系统推进"。

针对新建学校，这一路径强调以发展需求为引导，基于区域的教育发展战略、片区教育一体化规划或者社会、家庭等对教育资源的内在需要，以此为靶向，由政府、社区、企业等多元力量参与规划，制定建校方案，确定办学理念，引导学校发展。其发展的主要动力来自内外部环境的交集，自身具有较高的建设起点，承载着一定的发展使命。因此，学校一"出生"便带有特有的特色文化"基因"。在此基础上，立足地区学校生态群，有意选择差异发展或错位发展，在内外推力的联动作用下，不断趋近既定的特色建设目标，最终实现学校特色内涵发展。

针对改扩建学校，这一路径则为学校特色创建提供多种选择和新的发展可能性。借助改扩建的新契机，可在学校原有的基础上，进一步优化学校原有的办学特色，亦可以根据学校发展和区域教育发展需求，吸收借鉴区域内优质校办学经验，重组资源，重新赋予学校新的发展内涵，使其更适应学校的发展。

案例六：

灯湖小学：点亮心湖与新基础教育的交融

佛山市南海区桂城街道灯湖小学（以下简称"灯小"）创办于2014年，是一所起点高、配置完善、设计超前的城区重点打造学校。

灯小根据学校所处的千灯湖区域文化和学校校情，结合教育规律与时代要求，提出"点亮心湖"的办学理念，旨在温暖每个心灵，让每个孩子自由发光。创建之初，学校一直积极探索寻求适合学校发展理念的路径。2017年，学校引进"新基础教育"项目，将其作为学校特色建设的切入点，推动"点亮心湖"教育的落地。

之所以选择"新基础教育"项目，一方面是由于新基础教育以培养"主动、健康发展"的时代新人为目标，实现"教天地人事，育生命自觉"，这与"点亮心湖"所提出的"启迪生命、唤醒自觉"不谋而合；另一方面，新基础教育成熟严谨的改革体系与灯小在新校管理效能、教师建设和学校文化建设等方面的需求相适宜。经过反复研讨后，学校决定引进"新基础教育"项目，借助新基础教育理念，推动学校特色创建的整体发展。

1. 立足重心下移，实现管理变革，促进学校转型

学校在变革初期，大力进行制度改革，完善制度，重组组织机构。灯小将学校组织结构变革重组为"一室三部十组"，建立校长与年级组、教研组之间的直接领导关系，减少管理层级，提高管理的及时性和灵活性。学校结构形态由宝塔型向扁平型转换，减少管理的层级，在学校教育实践的不同层面之间形成积极的互动。学校落实第一责任人制度，成立学科专业委员会，推动了学校扁平化管理的精耕细作，实现教师间相互充分有效地学习交流研讨，促进学科间的充分融通。

2. 抓教学研究，促教师发展，成师生共长

学校打造了"PGT"的教师研修发展路径。"PGT"是英文"Person—Group—Team"的缩写形式，是"个体—群组—共生体"动态协作的教师专业发展路径。"PGT"强调了教师在"个体—群组—共生体"中的互动关联和动态生成关系，强调了教师个体的"自我生命"、群组的"他人生命"、共生体的"生命共长"三者的综合融通，有利于将"人与事"纳入良性的生态循环中。

3. 立足活动，紧抓岗位和文化建设，实现育人价值

学校采取三项措施对学生工作进行变革。一是打造研究团队，层层递进，全员纳入，在层层递进中推进学生工作研究，提升研究力度、效度和频度的全员纳入。二是打破"重事轻人"，明晰岗位运行体系，逐步形成"岗位设置—岗位竞聘—岗位锻炼—岗位评价—岗位轮换"的岗位建设运行体系，力图通过岗位建设提升班级的育人价值。三是变革学生系列活动，化散为整，基于对各年段学生成长需要的基本认识，梳理、反思和重建原有的班会活动主题和活动方案，形成了自上而下的以活动为主题的长程序列规划。以"校园活动都应让每一个学生得到发展的机会"为出发点，以五大板块规划"灯湖星，亮晶晶"活动体系，通过组织"摘星之旅"，保证每一个学生都有发展的机会，享受发展的乐趣。

案例七：

里水中学：改扩建个性定制下的智慧教育

里水中学位于佛山市南海区里水镇，是一所乡村初中。2015年，里水镇政府为提高区域教育办学质量，投入大量资金对镇内学校进行改扩建。其中，里水镇政府投入近1亿元对里水中学进行改扩建。

结合里水镇打造"粤港澳大湾区最美岭南水乡"的发展战略，立足学校的地理位置：里水镇国家级4A景区"一河三岸"，政府对里水中学的校园建筑进行靶向设计，紧紧围绕"水"文化打造学校特色，"智者乐水"，以"水"为特色全面构建"智慧学校"。

在硬件建设上，建筑上汲取岭南建筑独有的风格与建筑元素，把学校打造成具有岭南水乡文化韵味的校园，如"智慧园"（星光大道）、"腾飞园"、"阅读园"；"一训三风"（校训、学风、教风、校风）上墙；新建、修缮班级"问探讲"特色课堂成果墙；新建班级小组展示栏、优秀作品展示栏等。

在内涵发展上，提出"慧教育"办学理念，即"人人皆可成就智慧人生"。从师生培养、学校发展着手，全面打造"慧思、会学、学会"学生、"汇智、慧教、教会"教师，构建由"问探讲"慧课堂、"尚善"慧德育、"科创"慧社团三大板块组成的"慧教育"特色品牌体系。

其中"问探讲"慧课堂是慧教育的核心。课堂中"问""探""讲"三个元素互相衔接。导问以问题为教学导向，突出培养学生的质疑精神和提问能力。探问促使师生共同探究问题，突出培养学生的学科关键能力。讲问引导学生讲述探究过程和结果，翻转传统课堂中的师生角色，提高学生的自信力和表达力。

四、嫁接迁移，创新发展

"嫁接迁移"指的是引入或借鉴优秀的特色经验，扎根学校，优化创新，进行本土化发展，形成更具切适性的办学特色，助推学校跨越式发展。"嫁接迁移，创新发展"的基本路线是"特色迁移—扎根创新—形成新特色"。

采用此路径进行特色创建的学校立足于学校间的合作共生，借助校际间的成功经验，以特色文化、办学理念、特色项目、先进管理经验等方面的输出，借力名校优质资源，实现高位嫁接，形成发展的黏合力，快速推动学校内涵建设发展。同时，在模仿的基础上，学校应该扎根本土，深入分析本学校的校情，并结合自身优势，对迁移特色进行创新，赋予其新的内涵，创生出新的办学特色。

在南海区，新建校大多由于办学时间短，缺乏文化积淀，而亟须建设特色学校的有效途径。"嫁接迁移"无疑提供了一条可借鉴的实施路径。新建学校通过移植、合成名校的优质因子，从而取得办学上的竞争优势。在借助名校优质资源的同时，发挥学校后发优势，在原有的基础上不断进行优化和更新，实现学校"高起点定位、高位嫁接、高品质发展"的跃迁式发展。

案例八：

狮山实验学校：一颗冉冉升起的气质新星

狮山实验学校（以下简称"狮实"）创办于2019年，坐落在南海区狮山镇，是一所九年一贯制全日制寄宿实验类学校。

狮实的特色品牌源于大沥实验小学的"气质教育"理念。所谓"气质教育"，是指在面向未来社会的背景下，通过个性化培养，在促进学生全面发展的基础上，凸显精神品质提升的校本性育人体系。狮实根据学校实际，进一步丰富了"气质教育"的内涵和实施路径。

在"气质教育"理念指引下，狮实对学校的特色创建进行了系统性的顶层设计。

1. 构建卓越气质学生培养体系

学校以"有气质，更卓越"作为学校办学理念，推行"培养有中国情怀和国际视野的卓越人才"的育人目标策略，落实小学部与初中部学生培养目标的无缝对接，确保学生可持续卓越发展——在小学部，以学生"自主习惯"培养为抓手，侧重"培养兴趣，激发梦想，自我成长"；在初中部，以学生"自主能力"培养为抓手，侧重"立志报国，励志成才，自我发展"。

2.搭建的"气质教育"理念落实载体

学校通过丰富的载体落实理念，实现学校、学生和教师的卓越发展。一是建构气质教育教师发展体系，探索卓越气质教师发展"1146"模式，即设立一个教师发展中心，实行一种名师成长导师制，搭建四个教师专业成长平台，构建六级名师个性化培养机制。二是建设气质教育课程体系，形成个性化定制课程、世界性融通课程、未来式创新课程三大气质教育特色课程体系，探索学科"智慧课堂"五步教学法。三是建立气质教育德育体系，秉承"崇德至善，活动育人"的理念，开展"三礼七节"系列活动（开笔礼、成长礼、毕业礼，感恩节、科技节、体育节、英语节、义工节、读书节、艺术节）。

第五章

⑤

立器：推进特色学校建设的南海案例

第一节　优质学校：特色强校

　　佛山市南海在区域教育发展历程中已形成一批生源优、师资优、教学成绩好、社会声誉高、政策扶持强的优质学校。这批学校在特色创建的过程中，发挥已有优势，通过激发特色创建活力，积极参与区域特色学校创建，并且取得优异成果，突破学校发展瓶颈，推动学校的深化内涵发展。本节以石门中学、九江镇初级中学、石门实验中学、和顺第一初级中学、盐步中心小学为例，展示优质学校在特色学校创建中的实践经验。

石门中学
回归教育本质的"朴素教育"

　　1933年春，里水同声学社以此为基地招生开课，南海区石门中学（以下简称"石中"）即发轫于此，继而在黄岐北村建校而成型。作为南海区早期的县级高中，经过多年的发展，石门中学已成为首批广东省国家级示范性普通高中、第一所广东省一级学校、首批佛山市卓越高中创建学校、清华大学生源中学。作为南海教育的标志性符号和龙头学校，石门中学承担着培养区域优秀学子的重任。1999年，中共中央、国务院提出全面推进素质教育；2004年，广东省实行高中新课程改革。自此，以高考为主的传统"县中模式"开始衰落，石门中学开始探索学校发展的新出路。

　　基于学校培养人才的需求及区域教育信息化的资源，学校选择信息学作为切入口，打造学科竞赛。2007年，石中引进信息学特级教师江涛老师，建立竞赛总教练制，由此吹响了学科竞赛的号角。同一时期，学校与南海区信息学科联动，建立了"小学—初中—高中—集训队"金字塔式的纵向衔接的信息学人才培养体系。学校信息学竞赛成绩斐然，多名信息学特长生因竞赛成绩突出，获得清华大学和北京大学提前预约录取。石中把信息学竞赛的培养模式辐射到其他学科的竞赛，将总教练制机制化。

2011年，由于需要对具有不同学科潜能的学生进行大规模的因材施教培养，学校基于第一任校长提出的"要像关心自己的孩子一样关心学生，要像教育自己的孩子一样教育学生"教育理念，将总教练制横向辐射到普通高考班，从特长培养转向全员培养，进一步打造"导师制"全员育人品牌。在"整体、合作、优化"教育理念的指导下，学校班级学生成长的诸多目标、诸多任务分解到担任"导师"的任课老师身上，将改变以往任课老师"只管教、不管导"的状况，形成真正意义上的"全员育人"局面，并能满足学生的个性化需求。通过这一制度，石门中学真正营造出了一种"让每一位学生都有可倾诉的教师，让每一位教师都有要牵挂的学生"的育人氛围。

2013年，石中在导师制的基础上，创新教育方法，探索多维度的培养模式，深度挖掘学生的发展潜能，实行"一生三导"的培养模式，即每一名学生拥有学业、成长和科研三类导师，形成"导师智囊团"，为学生多向发展出谋划策。

2015年，李卫东校长反思当前教育出现的浮躁现象，总结石门中学近百年来的办学经验，汲取"海纳百川、敢为人先、团结奋进、脚踏实地"的南海精神内核，提炼出"朴素教育"办学理念。"朴素教育"是朴素的、忠实的、扎实的教育，是符合人性、符合社会、符合生活的教育，是回归宁静、回归常识、回归本质的教育。

作为南海区的传统优质校，石门中学一直顺应形势，积极求变。在"朴素教育"理念的引领下，石门中学通过特色学校创建，将学校推向发展的新高度。

一、开拓创新，打造"朴素教育"

在"朴素教育"理念的引领下，石门中学通过创新课程体系、联动校内外资源、构建教育集团等方式，打造具有鲜明特色的教育品牌。

（一）理念牵引，构建"立人课程"体系

基于国家提出"坚持五育并举，立德树人"的人才培养方向，石门中学以"朴素教育"办学理念为指导，创新育人模式，重构课程体系，形成"立人课程"体系（见图5-1-1）。从"立德、立言、立身、立业、立品"五个方面全方位育人，全面推进素质教育，培养具有真才实学、能够服务和引领地方发展的高品质人才。

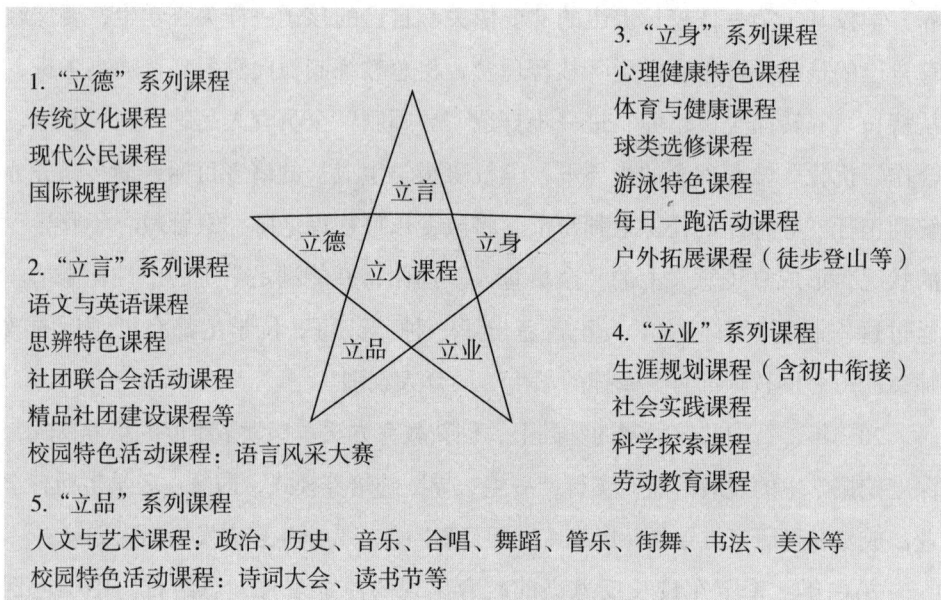

图5-1-1　石门中学"立人课程"体系

在"立人课程"体系的基础上，学校创新"强基有为班"课程设置，建设四大特色拓展课程。

1. 生涯规划课程

石门中学成立了佛山市第一家"学生生涯发展指导中心"，在全省率先开设了生涯必修课，形成学生生涯教育校本模式（见图5-1-2）。课程内容包括生涯意识启蒙、自我探索、外部世界探索、生涯决策、生涯管理五大模块，结合成长导师的指导，引导同学们探索和规划自己的学业及生涯发展，树立远大理想（见图5-1-3）。

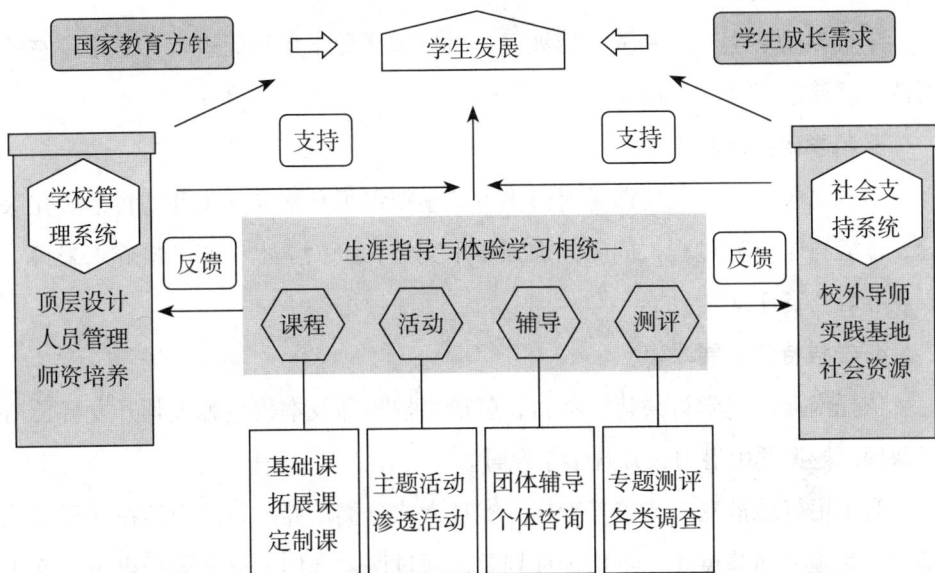

图5-1-2　石门中学学生生涯教育校本模式

生涯意识启蒙
规划意识
主动意识
自我负责

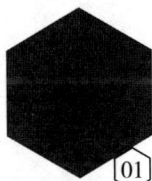

自我探索
天赋优势
价值观

外部世界探索
多元升学
大学专业
行业职业

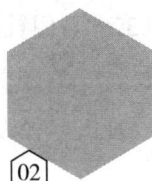

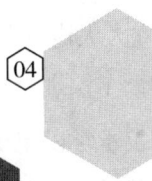

生涯决策
生涯任务
决策工具
选科决策

生涯管理
目标管理
时间管理

图5-1-3　石门中学学生生涯发展指导课程

2. 阅读拓展课程

学校鼓励学生广泛阅读、博涉经典。导师指导学生每周进行10万字左右的阅读，并要求撰写读书心得。

3. 科学研究课程

引入高校资源，共建课题科研平台。学校组织和指导学生开展科学研究课题，体验科学研究过程。同时，加强学术交流，组织学术讲座，培养未来科学界领导者的责任感。

4. 学科特长拓展课程

依托南海区"学科共建"项目，聘请高校教师及本校金牌教师开发特长拓展课程，挖掘学生潜力，开阔学生视野。

为了更好地搭建人才培养阶梯，实现人才分类培养。石门中学在课程的基础上，实施"强基英才三年培养计划"，通过课题合作、清北教授讲座、英才计划、清北院士导师班、"筑梦北大，励志清华"暑期学堂等项目，打造"强基学科基地班"，促进高中与大学的有机衔接，全面提高学生的综合素质，为学生的未来发展奠定基础。

（二）激活资源，创立"石门社区"

百年创校的历程以及良好的办学口碑，为石门中学积累了大量的资源。学校通过激活政府、高校、社区、校友、家长等资源，组建"石门社区"，推动特色学校创建。

石门中学设立"立人大讲堂"，邀请高层次人才到校讲学，学校先后邀请了（中国）香港中文大学（深圳）副校长、加拿大皇家科学院和工程院双院士朱世平教授、佛山科学技术学院电子信息工程学院执行院长齐浩亮博士、广东以色列理工学院机械工程学院李斌教授、中山大学物理与天文学院张鹏鸣教授、兰州大学核科学与技术学院博士生导师李玉红教授等进校演讲，让学校师生可以与来自不同领域的专家、学者及成功人士进行面对面地交流，享受多元化、高视野的优质文化资源，促使学生树立正确的人生观、价值观和远大的理想。

石门中学在办学过程中培养了大批优秀的人才，积累了丰富的校友资源。为了更好地推动学校建设，学校凝聚校友力量，组建校友会，并在此基础上于

2017年成立校友基金会，形成母校（石门中学）、校友、校友会及基金会高效联动、协同发展的运作模式（见图5-1-4）。

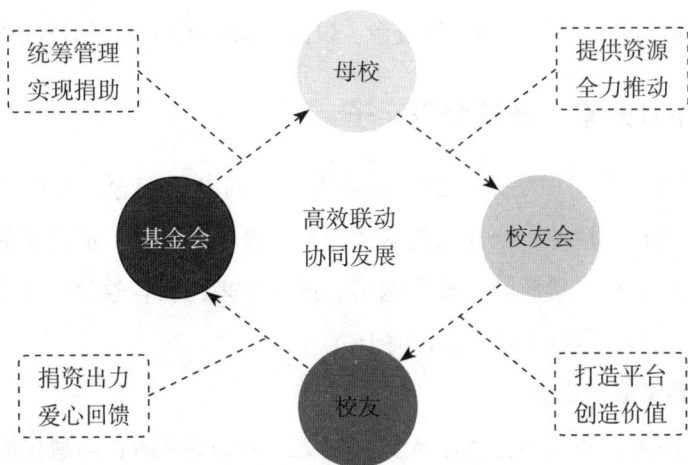

图5-1-4　石门中学校友资源运作模式

母校为石中校友会提供各种资源，全力推动校友会的建设；校友会通过系统有效的活动组织，为校友打造交流学习、互助提升的平台，提供服务，创造价值；石中校友、校友企业、其他社会团体向基金会捐资出力；基金会通过统筹管理慈善捐款，满足学校的发展需求。

（三）品牌辐射，打造"石门教育集团"

在南海区政府和区教育局的引领下，石门中学成立了广东省石门教育集团，形成了"名校+石门系列学校""名校+新校""名校带薄弱学校"的教育新格局。石门的优质教育资源不断壮大，石门教育品牌内涵更加丰富，石门教育的影响更加深远。

集团以石门中学为龙头学校，包括狮山石门高级中学、石门实验学校、石门实验中学、石门实验小学、石门实验中英文学校、石门实验中学附属小学、南海双语实验学校、加美实验学校共九所独立法人学校，涵盖小学、初中、高中全基础教育学段。利用石门中学优质的教育资源，辐射带动集群内各学段学校在学生培养、师资培训等方面共同发展。例如，外派石门中学优秀领导干部

和骨干教师到各成员校工作，输出石门中学办学理念和办学经验，指导学校管理和教学管理；不定期组织成员校的干部老师走进总校参观学习，共享石中文化、课程等资源，开放课堂、讲座等优质资源；开展协同教研，提升教学质量；组织信息学集训营，共享学科竞赛资源。以此带动集团内成员学校的优质发展。

二、硕果累累，成就卓越学子

近百年来，石门中学秉持着"朴素教育"的办学理念，发扬"科学、协作、拼搏"的石中精神，全面推进素质教育，办出了特色，形成了品牌。学校教学质量长盛不衰，素质教育成果迭出。近五年来，教育教学各项评价指标连年领跑佛山，综合实力排名广东省前十位。

（一）高考成绩辉煌

2017年高考，考入重点大学人数1024人，重点率93%；谭慧仪同学摘取广东省文科状元桂冠。2018年高考高分优先投档线人数1056人，上线率93.3%；王浩宇、梁文杰同学进入广东省理科总分前十名。2019年高考高分优先投档线人数1040人，上线率95.1%；区成铸、陈悦心、刘祺、陈海岚、汤建浩5名同学分数被屏蔽，其中陈悦心、刘祺进入广东省文科总分前十名。2020年高考高分优先投档线人数1126人，上线率95.6%；陆子熹、梁泳榆、林星宇、潘晨瑜4名同学分数被屏蔽，其中陆子熹同学勇夺广东省文科总分第二名。

（二）学科竞赛成绩突出

2017年石门中学学科竞赛进入全国一百强，累计有20位学生因学科竞赛成绩突出，获得清华大学、北京大学保送生资格或自主招生降60分录取资格。在2020年各项学科竞赛中，梁浩奋同学获得第37届全国信息学总决赛银牌，同时获得北京大学强基计划破格入围资格；陈醉之、陈飞宇在第29届全国生物奥林匹克竞赛中获得银牌，并获得清华、北大等高校强基计划破格入围资格；孙鹏在第34届中国化学奥林匹克决赛中获得银牌，并获得北大等高校强基计划破格入围资格。五大学科竞赛获省一等奖及以上人数排在广东省最前列。

（三）素质教育成绩显著

学校在2020年南海区中小学生运动会中夺得团体总分高中组一等奖（总

分最高分）；游泳队连续12年蝉联南海区团体总分第一名，获佛山市高中组团体总分第一名；辩论队多次夺得粤港澳大湾区或国家级比赛冠军，进入2020春季国际中学华语辩论排行榜前十强；合唱团多次参加中央电视台校园精品节目汇演，并多次到维也纳金色大厅演出；石门中学团委荣获2020年"全国五四红旗团委"。学校的"走进军营，历练自我""走进山区，奉献爱心""走进工厂，职业体验""走进新农村，家国情怀"等体验活动成为省内外知名的素质教育品牌。

九江镇初级中学
乘科技教育之风以腾飞

九江镇初级中学（以下简称"九江镇中"）位于佛山市南海区九江镇，学校始创于1906年，承载着百年的积淀蕴蓄。学校总占地面积8万多平方米，师生1600多人。一直以来，九江镇中以优秀的办学成绩获得了良好的社会声誉和认同。

学校早期在整体规划上除了文化课的学习外，并没有明确的发展方向。作为一所传统优质校，九江镇中深刻领悟到，在素质教育的热潮中，一所学校想要持续发展，就必须探索特色发展道路，丰富学校内涵，推动学生全面发展。在这一思想的引领下，九江镇中开始求变。

2004年以前，学校立足师生实际，九江镇中尽管在文化课成绩上已有建树，但是教师教育教学方法仍偏传统，缺乏创新精神，而且学生处于被动学习状态，缺乏发现问题、分析问题和解决问题的能力，这不符合未来社会对创新型人才的要求。九江镇中认为，育人的目标应当聚焦在如何培养师生创新创造思维与能力上，而科技素养的培养正是学校育人目标落实的重要抓手。通过对校情和育人目标的梳理，结合学校在信息技术学科已取得的成绩，经过学校反复研讨论证，九江镇中最终于2004年选定以科技教育作为学校特色发展的突破口。

一、从无到强，科技教育实现腾飞

（一）第一阶段：初始阶段（2004—2009年）

这一阶段是科技教育在学校扎根的时期。2004年，九江镇中举办首届校园科技节，标志着科技教育在学校正式落地。首届科技节持续了一个月，活动内容虽然只有"水火箭""鸡蛋撞地球""纸箱车"三个简单的科技项目，却引发了师生的强烈反响。至今，科技节已经成为学校科技教育的品牌活动，连续举办了十六届，从最简单的三个科技项目，发展到云集3D打印、人工智能编程等高新科技项目，是普及科技教育的重要活动之一。在首届科技节后，学校组建科技类社团（如小实验家、头脑奥林匹克、小发明、科技环保等），延续学生被科技节所激发的对科技的热情，持续培养学生对科技的兴趣。在社团的牵引下，学校开始尝试开发科技类课程，并且形成了小实验家、头脑奥林匹克、小发明、科技环保等科技特色项目，分别获得省级以上奖励。2006年，九江镇中学子斩获世界头脑奥林匹克竞赛冠军，掀起了学校的奥林匹克创新教育热潮。至今，学校在该项目上已获得相当的殊荣——获得13次头脑奥林匹克竞赛中国赛区一等奖（参加16届），4次折桂世界头脑奥林匹克竞赛（参加5届）。

（二）第二阶段：系列化阶段（2010—2015年）

2010年，刘志伟名师工作室成为广东省中小学首批名师工作室，还成为佛山市首批劳模创新室。工作室成立以来，以项目为纽带，以创新为动力，引领学校和省市科技教育发展。

在科技教育特色项目发展壮大，在校内形成影●力后，九江镇中总结第一阶段的经验，开始探索如何在校内整体辐射科技精神。如，设立科技处的管理机构，开展科技课题研究，进行科技嘉年华、科技活动周等科技活动，开展科学大讲坛和老科学家进校园等活动。

（三）第三阶段：品牌创建阶段（2016—2020年）

经历前两个阶段的特色发展，学校开始探索品牌打造，提出从"制造"到"智造"。学校着重以人工智能为基础，打造智能化科技项目，开创创客魔方机器人实验班，探索图片识别、大数据分析等人工智能赛事。同时，学校进一步促进跨学科融合进度，探索将学科教学与科技教育相融合的项目，历经学科教学与科技教育迭代。在这一阶段，学校注重扩大学校科技教育品牌的影响力，承办省、市、区多项科技教育相关项目，如承办全国中小学知识产权教育研讨会、广东省中小学知识产权教育师资培训会等，并且在四川、湖南、云南等地推广学校科技教育经验，辐射学校品牌。承担广东省"基础教育信息化融合创新示范培育推广"项目"基于广东省双融双创平台中小学创客魔方机器人项目应用实践研究"课题、"创客魔方机器人项目推广实践研究"课题，将学校自主研发的创客魔方机器人项目自下而上推广至广东省。

二、创建有方，全校共建科技教育

九江镇中在创建科技教育特色过程中，总结提炼出一系列行之有效的方法。

（一）创新管理模式，创设科技氛围

科技教育现已成为九江镇中学校发展规划的重要组成部分，学校为科技教育制订了《九江镇初级中学科技教育发展规划》，为实施科技教育系统规划蓝图。

一方面，为了系统推行科技教育，学校实行扁平化管理模式，以校长为直接领导，下设科技教育办公室（主管科技教育品牌项目）、教学处（主管学科与科学素养培养）、德育处（主管人文与科技素养培养），共同组成学校科技教育发展规划管理架构。

另一方面，学校注重科技特色的校园文化建设，努力创设浓厚的科技教育氛围。除了出版科普读本和利用墙报、广播站等常规方式宣传科技创新外，学校还在校园中建设科技大道，展示介绍相关科技知识和人物等。同时，学校创办以科技为特色的校报——《九江镇中学科技报》，每2～3个月出版一期，宣传科技成果和人物风采等。

（二）开发科技教育特色课程，深化课程改革

课程是科技教育的基础。九江镇中在科技教育特色课程的开发上倾注了大量心力，按政策规定开足开齐课程，重点做好国家课程、地方课程的校本化和科技化实施，使每个学科都形成校本课程，努力实现科技教育学科化，学科教学科技化，如语文课开设创新写作，数学课开设科学思维方法训练等（见图5-1-5）。

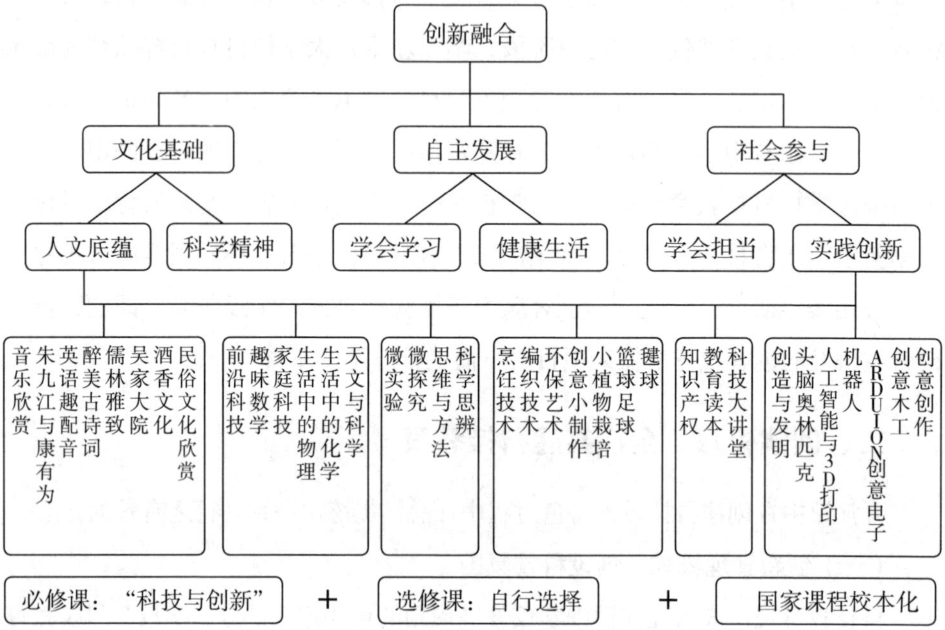

图5-1-5 科技课程群

基于STEM教育理念，开设"我看72变"、电子制作、科学幻想、动漫创作、机器人等科技校本课程。同时，针对学校的特色和强项科技课程（如头脑奥林匹克、天文奥林匹克、微创意和微实验），做好充实和拓展，逐步完善学校创新创客课程体系。

（三）创新"全员+个性"学生培养模式

在学生培养上，九江镇中推行"全员+个性"培养模式。

"全员"即体现在推广科普，全员接受创新创客教育，100%学生接受科普教育。学校通过科技教育跨学科课程，结合开展校园科技节、科学大讲堂、中科院科学家进校园、高科技企业进校园等活动，提高每位学生的科学素养。

"个性"即体现在发展社团，提升学生创新创客能力，在现有头脑奥林匹克、创客和小实验等学生社团的基础上，建立了有特色的学生发展指导机制，形成了以创客、发明等项目为驱动和责任的社团，促进学生的个性发展。同时学校重视以竞赛项目挖掘学生创新创客潜能。在面向全体学生科技教育的基础上，对特长生实施专项辅导，定时开展头脑奥林匹克创新、微创客、"我的72

变"等创新创客竞赛辅导活动，全面促进有科技潜质和特长的学生创新发展。

（四）优化师资培训，提升教师专业素养

九江镇中在教师培训和管理方面全力渗透科技教育特色。

一是全员培训教师，渗透科技教育理念。根据学校特色发展需要，基于创新驱动和STEAM教育理念，制订特色创建所需教师队伍的培训、培育计划，将STEAM教育融入教师日常教学的模式、跨学科教学关联中，提升教师队伍整体素质与能力。

二是落实项目管理，促进教师特色发展。学校基于教师爱好、特长，以及学校发展需要，组建了疯狂创客教师团队、创造风暴教师团队、艺术创作教师团队，形成校内"专业+业余"特色师资结构，落实创新创客项目责任制，拧紧创新创客项目的责任螺丝，使科技项目发展伴随教师成长。

三是配套激励制度，鼓励教师教育创新。学校改革教师奖励制度，加大建设创新创客特色的资源投入，努力打造一支研究型、创新型的科技教育团队。九江镇中在教师绩效奖励中设立科技创新教育专项奖，并且在每年科学教育年会上，对有所作为、贡献突出的科研型、创新型教师进行奖励。

（五）积极融通资源，全力支撑科技教育特色

学校的快速发展离不开校外资源的支持。九江镇中在发展科技教育的过程中，善于融通各类资源，促进学校特色建设。

从2011年开始，九江镇中连续获得三届南海区竞争性财政资金分配项目资助，持续投入到完善设施设备、打造科技教育校园文化、发展教师团队、组织学生参赛、开发课程体系等方面。以完善教学设施为例，设施设备是科技教育的重要条件之一，基于南海区财政资源支持，学校逐步配备科技教育的硬件，改造和升级了科技楼场室，学校现有科技发展史室、作品陈列室、智能机器人培训室、3D打印室、未来学校课堂、师生培训和研讨室等。而在校园文化上，学校进行知识产权系列、发明创造系列、生态科技发展系列等校园科技系列主题文化建设，设置科技活动角、创新思维训练营宣传栏，大力营造了创新创客文化氛围。

除此之外，九江镇中积极联动企业、社区、高校等众多资源，协同打造学校科技教育特色。学校开发企业研学项目，带领学生实地体验科技研发过程，激发学生创新渴望；引进一批知名专家，建设专家团队，指导、把关学校科创项目的落实和升级；借助社区资源，开展科技巡回展等活动，为团队争取展示机会。在获取社会资源支持的同时，学校也通过科技教育所形成的影响力普惠其他群体，例如学校成为广东省创客魔方机器人项目的牵头学校，与云浮、汕头、中山、广州番禺等地的中小学形成共同体，指导共同体学校开展项目活动。

三、效果显著，学校实现飞跃式发展

多年的科技教育为九江镇中带来了飞跃式发展，师生发展备受瞩目，学校整体发展进入新的高度。

（一）学生发展

九江镇中倡导学生放眼未来，勇担中华民族伟大复兴的责任，鼓励学生跨学科、勇创新、真实干。多年的科技教育带给孩子们方法、思维、技术的持续提升。

1. 学生综合能力强

16年科创教育的追逐，通过开展大量的科创活动，学校在培养学生创新能力、解决问题的能力和科学思维方法等方面取得成效。学校参加世界头脑奥林匹克总决赛，4次获世界冠军，1次获世界亚军，2个世界最佳创造力奖；师生参加日内瓦、德国等国际发明展共计获11枚国际金奖；学生科技作品获得国家专利72项；学校参加全国青少年创意大赛连续6年获团体金奖；学生被评为"全国五星级小实验家"。全国中小学创新实践作品展获全国最佳团队奖、最佳设计奖、全国最佳创意奖，全国电脑制作大赛获创客类二等奖，内地与港澳青少年STEAM创客挑战赛获团体一等奖。

2. 学生发展后劲足

基于培养数智时代高素质人才的目的，探索突破未来学习者身心发展、文化基础、思维培养、能力构建、实践创新、全球素养等方面培养硬核。近十几年来，学校培养出了一批优秀学生，2017届毕业生孙鹏在初中阶段是九江镇镇中创客队核心成员，学科成绩居全校前3名，在高中仍保持强劲的发展势头，通过国家强基计划，已成功签约北大。2020届毕业生林××初中成绩居年级前列，中考九江镇数学状元，高中进入石门中学，参加2020年佛山市中小学创新大赛获创造发明一等奖。

（二）教师发展

学校以学科融合为理念，优化教师综合能力素质，通过有效实施"青蓝工程""金苹果"计划，促进中年教师二次成长。

学校科技教师业务能力精干。教师团队获省级以上奖励和荣誉的科技教育工作者超过10人，包括国家教学名师，国家"万人计划"教学名师、中学特级教师、中学正高级教师，全国未来工程师优秀辅导老师等。同时，学科教师教研水平高，教师团队创新意识强。超过60%的教师参与了科技教育实践与研究，他们的科技教育成果获省级以上奖励超过10项，其中一项为教育部基础教育教学成果奖，还有四项分别为第六届、第七届、第八届、第九届广东省普通教育教学成果奖。

（三）学校整体发展

学校通过发展科技教育，目前已是在省市内具有较高知名度的农村数智化、智慧型中学。

16年的科技特色教育，打造了"创意风暴""头脑奥林匹克""疯狂创客"等智能科创精品项目，不断优化"创新创客品牌教育"，内容涵盖意识形态、空间建设、教师成长、课程改革、课堂优化、项目创新、学生成长、品牌推广等多个方面并取得了一定成果。近16年来，学校荣获"全国教育系统先进集体""教育部中小学校长影子培训实践基地""中国STEM教育领航学校""中国创新型学校"等荣誉，其中国家级荣誉共计9个，省级荣誉12个。

在教育科研成果方面，学校出版了《农村初中创建科技教育的创新之路》《生物教学模式与实验创新研究》《中小学知识产权教学指引》等科技著作。同时，学校科技特色课程成果丰厚。2018年，学校开发的科创课程，荣获"全国STEM课程十佳案例"。2019年，九江镇中《基于青少年创造力开发的知识产权教育实践》，获广东省普通教育教学成果一等奖。

作为学校的精品项目，创客魔方机器人项目辐射全国。2018年，由学校开发的创新创客魔方机器人，被推荐为广东省基础教育信息化融合创新创客魔方机器人示范培育推广项目，已与云浮、粤东西北（肇庆）多间小学，佛山市3所初中、5所小学形成双融双创共同体，共向下辐射十几所小学。2020年，有6间小学共同体学校突围佛山市中小学劳动教育暨学生信息素养提升实践活动现场交流活动竞赛项目，省赛成绩突出。项目在广东省双融双创社区平台推广效果好，九江镇创新融合共同体合力完成课程、案例等师生作品104个有效教学资源。加入双融双创社区平台的九江镇初级中学社团成员有114人，共同体板块页面访问人数有4769人次，项目成果辐射全国。

近年来，学校对创新创客特色建设成果进行提炼，并在《中国教育报》《广东教育》等刊物上发表，《中国教育报》以《乡村学校蝶变科创名校——广东佛山市南海区九江镇初级中学创新驱动发展纪实》和《创新点亮教育》向全国推广了九江镇中的特色办学经验。

石门实验中学
有为教育，引领学生幸福成长

石门实验中学创办于2004年，是一所按照国家级示范中学标准建设的民办全日制寄宿中学。自2008年提出"有为教育"办学理念以来，学校坚持走内涵式、自主式、特色化可持续发展道路，迅速成长为南海区一所质量高、口碑佳的优质学校。

2008年底，石门实验中学率先提出"有为教育"的特色办学理念，从思想上为学校的品牌之路指明了方向。2009年开始重点打造有为课程，将国家课程与学校特色有机结合，实现国家课程校本化。立足生本，创新校本课程，率先提出"课程超市"的理念和操作模式。南海区特色学校论坛现场会在石门实验中学举行，首创的"课程超市"向全区展示推广，有为教育特色创建受到区领导的肯定。

2010年，学校开始创建有为活动，打造校本特色活动、学科品牌活动等多种组合、立体覆盖的特色有为活动体系，进一步拓宽人才培养渠道。2011年开始全力打造"疑展评"有为课堂，打破传统以教师为主体的课堂模式，在人才培养方法上寻求突破。佛山市初中教学工作会议在石门实验中学举行，"有为教育"理念受到佛山市教育局领导和中小学校长的肯定。

2012年构建"有为课题"，优化完善"有为教育"体系。"有为教育"研究成功立项为全国教育科学"十二五"规划课题和广东省"十二五"规划课题。

2014年初步形成涵盖有为环境、有为学生、有为教师的"有为文化"系统，学校面向省内外全面推广相关实践成果：广东省中学校本培训项目现场会、佛山市中学课堂教学改革成果交流会、佛山市有为教育研讨会、南海区学校德育品牌现场推介会在石门实验中学举行，"有为教育"办学特色形成了较大的影响力。

2015年，全国基础教育信息化应用现场会在石门实验中学举行，"有为教育"办学成果获得教育部领导的肯定并向全国辐射推广。

2017年确立学校新的四年发展规划，开始新一轮的实践探索，深化"有为教育"的内涵，采取新行动，向着品牌学校之路迈进。石门实验中学被教育部评定为"全国中小学中华优秀文化传承学校"（佛山唯一的一所初中），2018年被评为"南海区中小学生学科核心素养培养先进学校""特色品牌学校培育单位"等。

一、理念凝练，牵引学校整体发展

基于中国传统儒家刚健有为的精神内涵，强调"天行健，君子以自强不息"的奋发图强，"独立不惧，立不易方"的自信独立，"不知命，无以为君子也"的责任担当，"苟日新，日日新，又日新"的积极进取和务实求新；传承南海的优秀历史传统与地域精神，强调海纳百川、敢为人先、团结奋发的南海精神；呼应了时代对人才培养的要求，积极响应《国家中长期教育改革和发展规划纲要（2010—2020年）》的育人要求，强调人人成才观念和多样化人才观念，强调既成就学生全面发展，又尊重学生个性成长。石门实验中学结合自身的办学实际进一步提炼出"有为教育"理念（见图5-1-6），其核心内涵是，在学生全面发展的基础上致力于培养学生有为特质（如责任担当、创新精神……）的校本育人实践，旨在通过文化的塑造，唤醒学生内在的精神力量和价值追求，让学生获得追求卓越的愿为之心；通过素质教育在课程建设和课堂教学的实践，以各种活动为载体，激发学生的兴趣，尊重学生的个性，培育学生的特长，让学生具备自主发展的可为之法；最终使全体学生成为全面发展、个性发展的能为之才，为每个学生的全面发展、个性发展和持续发展提供最适合的教育。

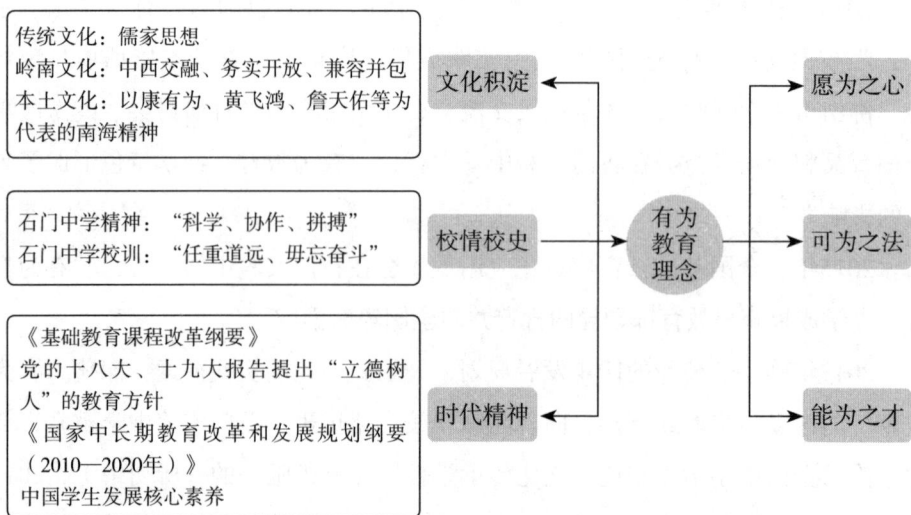

图5-1-6　有为教育理念框架

二、理念引领，系统构建师生培养路径

（一）开展立体的有为课程，落实课程育人

学校在每一门课程的设计与实践过程中，致力于培养学生正确的态度、价值观，掌握课程的思维方法和行为方式，为学生提供最适合的课程平台，搭建学生全面发展、个性成长的脚手架，真正实现课程育人功能。

1. 搭建较高水平的有为课程体系

石门实验中学结合"有为教育"理念，充分挖掘学校的核心文化，借助区域、本土等多元资源，形成了"为学""为德""为身""为真""为美"五大课程领域，分类实施国家课程、地方课程和校本课程的有为课程体系（见图5-1-7）。

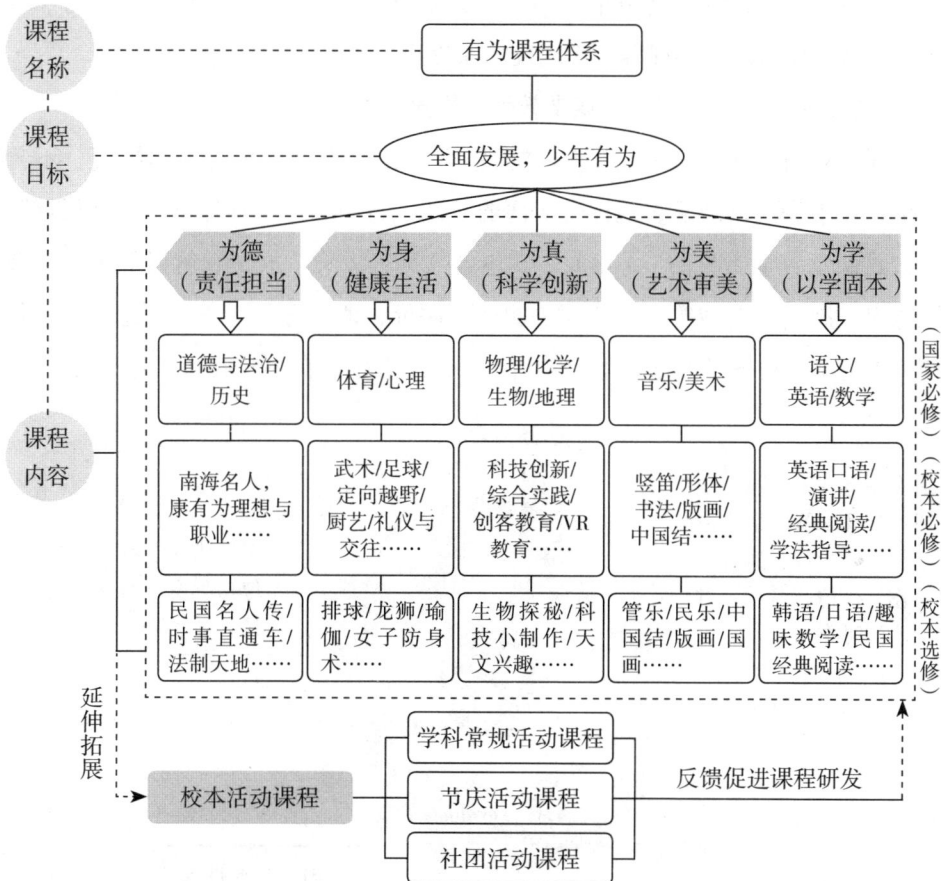

图5-1-7　石门实验中学有为课程体系结构图

2. 创新实施手段，实现国家课程校本化

在具体课程实施过程中，学校不断丰富课程内容和实施手段：在开足开齐国家课程的基础上，对学科教材进行再开发，形成一批学科课程资源，实现国家课程实施校本化。

3. 整合区域文化资源，实现地方课程特色化

研发出一批具有南海、佛山特色的地方课程，如佛山武术、广东美食、定向越野、木版画等，实现地方本土课程特色化。

4. 满足学生个性发展，实现校本课程建设超市化

学校立足于自身教学资源和社区资源，开发自主、多元的校本"课程超市"，每个学期开设将近100门选修课，形成涵盖艺术、科技、学科、体育、生活等领域的校本选修课程群，实现校本课程建设超市化。

（二）创新了"疑展评"课堂教学，构建生本课堂

课堂是育人的主阵地。针对中国中学生在课堂上出现的主体缺失、不善质疑、怯于表达、缺乏客观评价等薄弱之处，石门实验中学提出了"疑展评"元素式课堂教学（见图5-1-8），其包含"疑（设疑、质疑、解疑等）""展（练习、展示、发展等）""评（测评、评价、评比等）"三大理念要素，强调以生为本，将教学元素合理、灵活组合，动态生成自主开放的有为课堂。

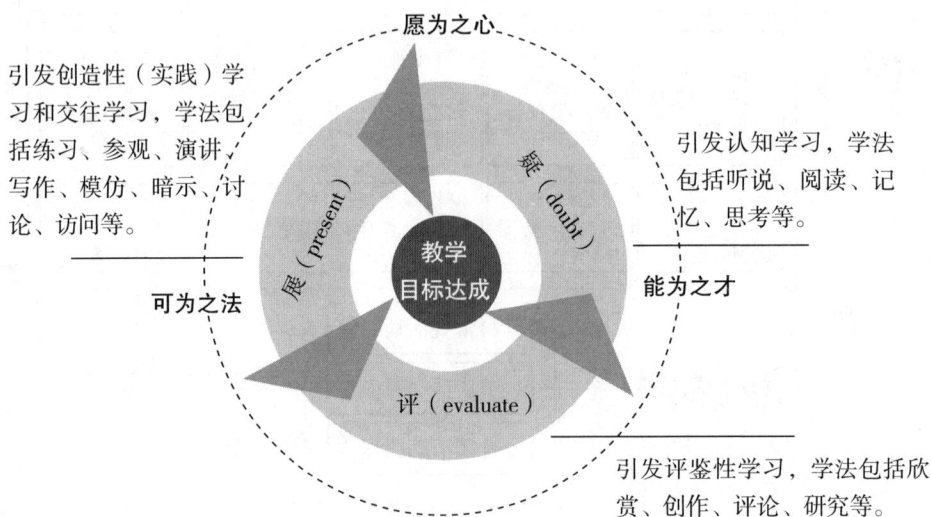

图5-1-8 "疑展评"有为课堂三大元素结构

"疑展评"课堂改变了石门实验中学原有的课堂样态，将师生从固化的课堂教学模式中解放出来，激发了教师研究课堂的热情和创生课堂模式的积极性，实现了课堂教学从低维向高维的跃迁。

学校注重学生的思维培养与能力建构，鼓励教师立足学科发展特点与学科素养，将"疑""展""评"三元素与启发式、探究式、讨论式、参与式等教学方式进行融通，进行学科课型研究，不断创新和丰富"疑展评"课堂教学的实践样式（见图5-1-9），形成了以"疑、展、评"为依托的问题引导式教学、小组合作式教学、"互联网+"智慧课堂，实现教与学的方式改革，引导学

生学会学习，并形成了一批卓有成效的学科"疑展评"课型。如，语文的名著阅读课型、英语的"小组合作+疑展评"课型、生物的"疑展评"实验活动课型、地理的基于情境教学的"疑展评"课型等。

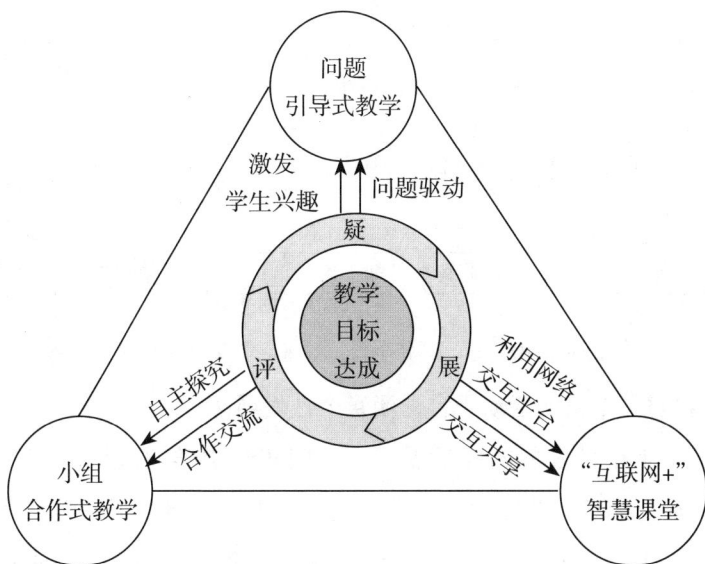

图5-1-9　石门实验中学"疑展评"课堂教学实践样式

问题引导式教学以问题为驱动，立足学生最近发展区，以学科问题串为指路地图，激发学生学习兴趣。通过"设疑"驱动学生于"解疑"中"展疑"，基于问题解决，曝露学生思维生成的过程与误区。教师则在学生的"展疑"中"评疑"，基于学生解决问题串的过程，精准了解学生学情，及时调整课堂教学的方向，从而提高课堂的效率与质量。

小组合作式教学倡导以情景创设推动学生进行自主探究、合作展示、交流评价，实现为不同层次的学生发展服务，让优秀者更优秀，让平凡者不平凡，即让每个学生都达到有为的目标。

"互联网+"智慧课堂（见图5-1-10）时代发展趋势，以互联网、大数据、教学云平台等新一代信息技术为载体，重整教学资源，重构学习场景，实现与"疑展评"课堂的深度融合，线上、线下教学相结合，交互共享，打造更为广泛的"泛在学习空间"。

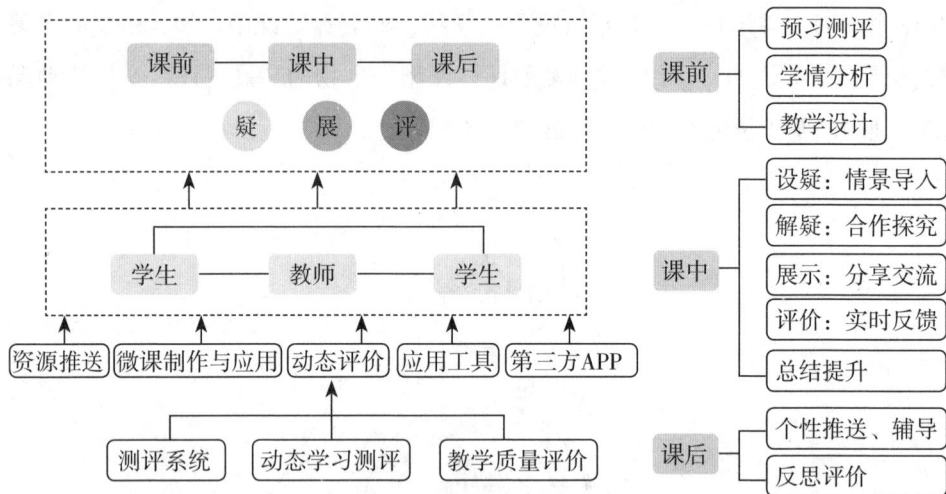

图5-1-10 石门实验中学"疑展评"智慧课堂教学模式

（三）搭建了丰富的活动平台，涵育个性发展

为满足学生个性发展的成长需求，石门实验中学通过整体规划、长短结合，以学科常规活动、节庆活动、社团活动三大板块组成了石门实验中学校本活动体系（见表5-1-1），为学生全面发展打造平台。在全面发展的基础上，搭建学生个性发展的社团活动平台，构建"四院一枢"（见图5-1-11）的特色学生社团，满足学生的兴趣和特长发展。

表5-1-1 石门实验中学校本活动课程体系

	课程板块	课程内容
校本活动课程	学科常规活动	5分钟英语交际、天天读报
		课前英语演讲、中文演排、历史辩论……
		每周一首英文歌、10分钟练字……
		学科品牌活动：历史戏剧节、英语大舞台、政治思辨节、语文朗诵节、数学头脑风暴……
	节庆活动	六一心育节，父亲节、母亲节感恩活动，向大师致敬活动……
		体艺节、科技节、校园歌手大赛、小主持人大赛、器乐大赛……
		元旦雅言朗诵、读书节、石门诗词大会……
	社团活动	一坛二园三台、传统与童趣、石门露天音乐会、模拟联合国、国学经典诵读、创新与发明……

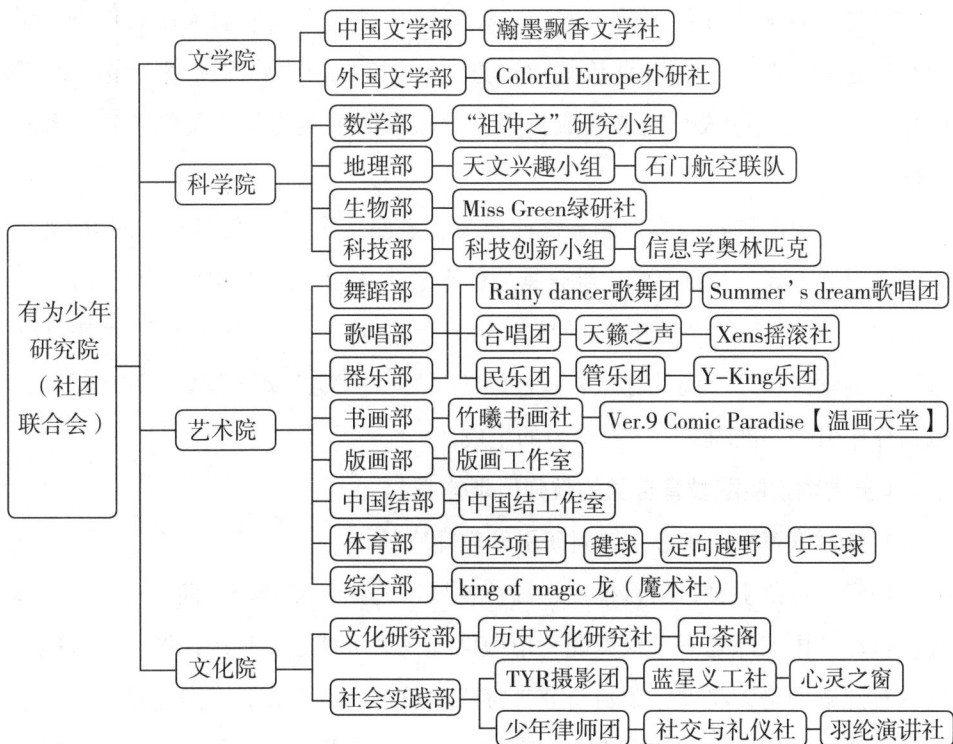

图5-1-11　石门实验中学"四院一枢"特色学生社团架构

此外，学校通过与社区、企业、家庭等合作，实现多元资源联动、学科融通，形成系列化研学活动。如，云贵非物质文化遗产传承研学之旅、国际体验与交流活动、学生职业体验活动、企业文化探秘活动等。通过研学活动创新了学校教育与社会教育的衔接形式，提高了学生的综合实践能力，开阔了学生视野，关注学生生涯发展规划，引导学生成长。

（四）构建了多元的评价体系，实现评价育人

石门实验中学进一步优化了学生评价体系，基于多元智能理论以及优势发展视域，通过"关照过程、多元评价、数据记录、榜样引领"等方式创新有为教育综合评价体系，勾勒出每位学生初中三年的成长图谱：

一是制定尊重学生个性化发展的评价制度。侧重关注学生的成长过程，将学生活动、成长变化等纳入评价体系，每位学生每周都能接到属于自己的成长记录，让学生体悟到个体发展的尊严，进而最大限度地激发其发展潜能。

二是实现多元化的评价方式。除教师评价外，学校还引入家长评价、学生自我评价、生生间相互评价等评价方式。同时，借助大数据平台记录评价数据，形成学生的成长轨迹和成长报告，最大限度地保证评价的客观性和科学性。

三是开放的评价内容。涵盖学业成绩、道德品质、心理素质、交际能力、协调组织能力等，注重对学生综合素质的考察，从而有助于学生的全面发展。

四是每学期依据学生不同层面的发展，开展"有为之星""敦品之星""励学之星""尚礼之星""健体之星""弘毅之星"等学生评比活动，以榜样作引领，推动学生内在动力的生成。

（五）建设唤醒教育自觉的教师研训体系

1. 建立教育科研中心，以科研引领教师成长

探索"科研引领、项目推动、高位发展"之路，实现研、训、用、评一体化。依托"国家课题—省级课题—市级课题—区级课题—校级课题"的五级有为教育课题网络，将课题项目研究贯穿于学校的所有工作，并通过聚焦课堂教学的实践与研讨和学生德育工作的有效实施，改变学校教师研究的生态，提升教师深入研究教育教学问题的内驱力。

建立石门实验中学教育科研中心组，打造学习型组织，将以往的由上级安排组建、以完成规定任务为目的的行政型教研组团队转变为自主策划教育活动、促进成员发展的研究型团队，以此促进教师的主动研究、主动发展。

2. 组建教师成长共同体，以群体助推教师成长

共生理论是指生物体在一定条件下，形成互相关联、互相成长的共生关系。基于"共生理论"视域下，学校组建了青年教师发展共同体、名师工作室、特色教师发展共同体等教师发展共同体，形成教师专业发展的群体氛围，营造一种研修相长的职业生态环境。

教师发展共同体定期开展读书分享、教学研讨等活动，关注教师间的合作与对话，重视群体学习、分享和交流，推动教师不断地对知识、能力进行有效的整合，以达到增强教师自我效能感，实现自我发展的目的。同时，通过导师带动学员、学员间相互学习，实现教师间的共生发展，互利共赢。

3. 搭建四大研修平台，以平台支撑教师成长

由德育处、教研处、科研处、办公室分别负责组织班主任德育沙龙、名师大讲坛、"疑展评"教学论坛、青年教师成长沙龙等教师专业成长发展研修平台（见图5-1-12），形成教师发展和成长的实践场域。每月定期开展主题研修活动，内容涵盖教师专业技能、科研课题研究、人文素养与教育艺术、师德师风建设、教师生涯发展规划等领域，致力于打造一支教书育人、改革创新、服务社会的有为教师团队。

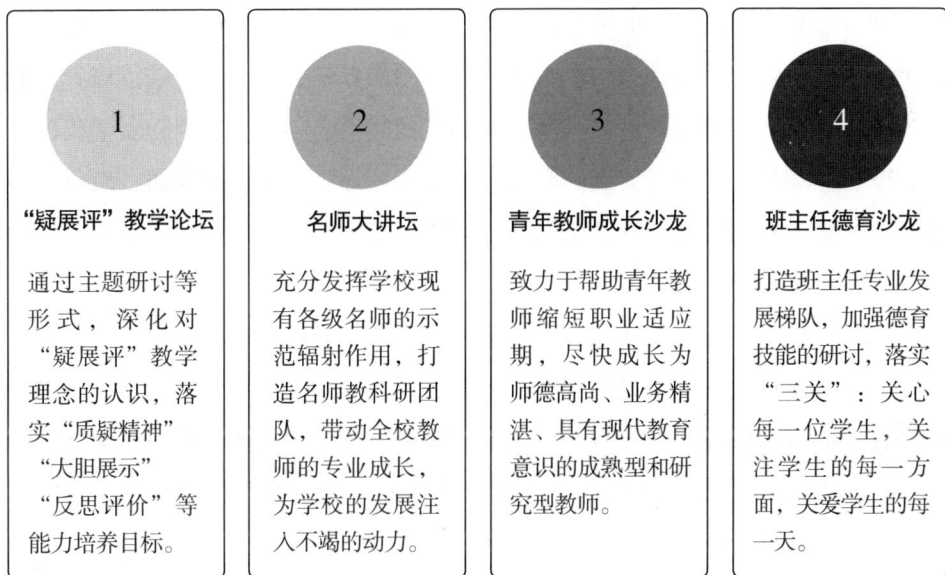

①	②	③	④
"疑展评"教学论坛	**名师大讲坛**	**青年教师成长沙龙**	**班主任德育沙龙**
通过主题研讨等形式，深化对"疑展评"教学理念的认识，落实"质疑精神""大胆展示""反思评价"等能力培养目标。	充分发挥学校现有各级名师的示范辐射作用，打造名师教科研团队，带动全校教师的专业成长，为学校的发展注入不竭的动力。	致力于帮助青年教师缩短职业适应期，尽快成长为师德高尚、业务精湛、具有现代教育意识的成熟型和研究型教师。	打造班主任专业发展梯队，加强德育技能的研讨，落实"三关"：关心每一位学生，关注学生的每一方面，关爱学生的每一天。

图5-1-12 石门实验中学四大研修发展平台内容

4. 健全教师管理制度，以制度保障教师成长

学校建立健全的促进教师发展的薪酬激励、组织激励、管理过程激励、考核激励等制度，引入学校管理岗位竞争机制，成立评聘领导小组。每学年开始，教师可以公开报名竞聘级长、班主任等不同职务，这有利于从外部条件激发和推动教师专业发展的内生动力，盘活人才队伍。学校还制定了《石门实验中学教师管理办法》和《石门实验中学教师成长培养制度》等，为教师成长和发展提供制度保障。

和顺第一初级中学
深化课堂改革，构建办学特色

里水镇和顺第一初级中学（以下简称"和顺一中"）创办于1958年，是和顺有史以来的第一所中学，原名和顺中学。1994年校址迁至美景大道。和顺一中自建校以来，学校既根植传统，又面向未来，一路耕耘，一路探索。1990—2000年，学校基于南海教研室提出的"目标教学"，吹响了课堂改革的号角。2002年，凭借着师生的勤奋与努力，和顺一中的办学成绩斐然，陆续培养出数名南海中考状元，成为区域内一所负有盛名的优质公办初中。但随着学校的发展，学校品牌单一，德育管理的弊端日渐浮现，加之行政干部换届、教研停滞不前、教学方式落后、师资队伍欠佳、学生后续发展无力等问题的出现，给学校发展带来了阵痛。

如何突破学校发展的瓶颈与困境成为和顺一中迫切需要解决的难题。2005年，新任校长周友乔以十足的魄力自上而下地开启了和顺一中的改革。通过校内调研，找准学校发展的痛点——课堂。随后学校组织行政干部、教师外出杨思中学、杜郎口中学等学校参观考察，借助外校优秀的教学经验进行课堂改革，并不断地优化课程教学模式，经历由"先练后教，层级递进"更名为"两环三进"、由"两环三进"模式转变为"和悦课堂"理念的过程。

2008年首次提出"先练后教，层级递进"的课堂理念，由校长、科组长亲自带头上公开课、示范课，掀起和顺一中课改的浪潮。2014年开始，学校在总结过往教育教学改革所取得的经验和成果的基础上，从课堂过渡到课程，开创性地以"和乐课程"改革为统领，从德育、课程、教师、家校合作、校园文化五大方面系统打造学校的特色项目，创建具有和顺一中特色的"和教育"特色品牌，走出一条学校内涵发展的特色创新之路。

一、找准特色"支"点，"撬"起学校特色发展

当学校发展陷入低潮时，和顺一中开始反思过往的办学历程，"勤奋""奉献"是一中人可贵的品质，但僵化的管理模式、滞后的教学模式等问题掣肘着学校的发展。学校意识到要继续发展，必须"量体裁衣"，注重独特性地挖掘，用特色作为"支点"，重新"撬"动学校新一轮的发展。那么，学校的特色发展该从何处着力？和顺一中校长带领领导班子深入研判学校实情，以问题为导向，找到学校发展的薄弱环节——课堂。因此，结合国家的课改浪潮，和顺一中通过战略分析，确定以课堂作为破局点，从课堂改革开始，构建学校的特色发展。

（一）以课堂改革为破局点，助力学校洼地崛起

古人云："不破不立。"确定了以课堂改革为着力点后，学校面临的下一个难题是如何破除当前的教学模式和教师的课堂观，重构适合和顺一中师生发展的课堂模式？时任校长做了大量思考，并组织学校行政领导班子通过充分调研、组织外出考察，以及借鉴省内外优秀课改经验等一系列举措，使学校进入到课改"建模"阶段，为和顺一中课改打下基础。

2008年，和顺一中提出了"先练后教，层级递进"的课堂教学模式（见图5-1-13）。学校自上而下，掀起和顺一中课改的浪潮。由校长、行政干部、科组长、备课组长牵头推动，身先士卒，开展校内公开课、示范课；组织全体教师进行全员学习，改变思想；开展校内、科组内课改讨论，尝试新的课堂模式，通过展示、评课等形式不断优化新课堂模式的教学。

总体构架

指导思想	模式特点
学校追求：我们为了每一个学生的全面发展和可持续发展 教师追求：我们要按照学生的认知规律教学，要引导学生自主学习 学生追求：我们要学、爱学、勤学、善学，我们要成为最好的自己	不订教辅 不布置课后作业 教学案前置预习保证课堂的高效率

一层教学——夯实基础 → 二层教学——能力提高 → 三层教学——灵活应用

教师备课

教师团队 → 个人备课 → 集体讨论 → 形成教学案

层级审核 → 团队实施 → 教学反思 → 构建教学体系

师生上课

学生团队 → 个人预习 → 精典训练 → 小组讨论

质疑、讲评 → 点拨、归纳 → 学习反思 → 构建知识网络

热身破冰 → 自主体验、个性展现、团队合作、互动激励、贯穿始终 → 体验中成长

历奇教育

课后反馈

教学案批改 → 级组问卷调查 → 教研处抽查 → 班级反思课

备课组根据反馈研究教学对策

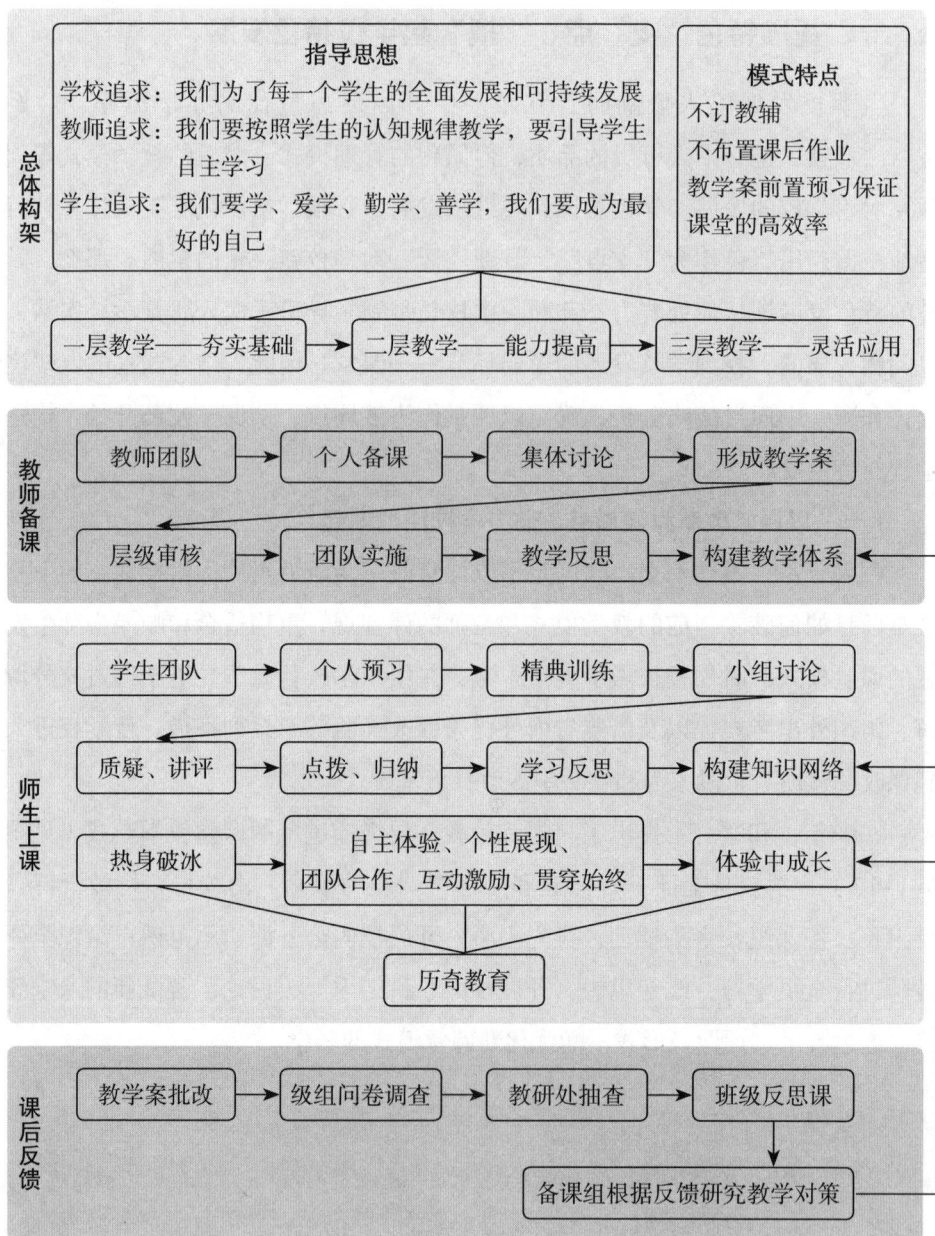

图 5-1-13　和顺一中"先练后教，层级递进"高效课堂教学模式

　　经过多年的实践、总结和反思，2014年学校进入课改的"优模"阶段。和顺一中在"先练后教，层级递进"的课堂教学模式的基础上，进一步延伸和优

化，确立了"两环三进"高效课堂模式（见图5-1-14）。

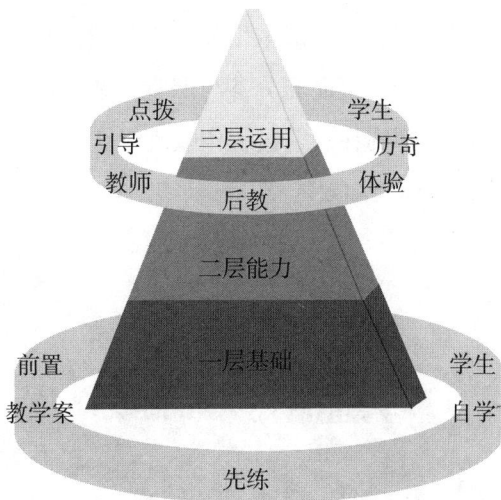

图5-1-14　和顺一中"两环三进"高效课堂模式

　　"两环"是教与学的两大环节，"三进"贯穿于两大环节的始终。"两环"是指课前通过前置学案引导学生预习新课，让学生自主发现问题、解决问题，培养学生自主学习的能力。课堂上，教师引导、点拨和学生展示、质疑、点评、小组合作、历奇体验等形式，使课堂更多地让不同层次的学生参与进来，突出学生的主体意识，让学生学会学习、学会合作、提升素养。"三进"是指教学的三个层次，即第一层次，学会知识，夯实基础；第二层次，培养和提升能力；第三层次，灵活应用，体验成功。

　　历经9年的课改，让和顺一中于低潮中重新崛起。在课堂改革的助力之下，学校教育科研有了抓手，教师有了成长、展示的平台，办学效果显著，学校的升学率节节攀升。从2008年的33.1%到2015年的64.3%，到2016年的70.6%，再到2017年的80%。近3年的中考高分层人数和石门中学录取人数不断攀升。

　　课堂改革融入了体验教育理念，启发和激励师生思考，实现教学相长，让师生在课堂中体验快乐与成功。因此，学校在2018年对课堂进行总结和提炼，构建出"和悦课堂"（见图5-1-15），即是生成"和而不同，愉悦共长"的课堂。它遵循了人的认知规律，强调发挥学生的主观能动性，调动学生学习的积极性，强调学生的自主体验。它能解决当前教育中的课堂低效、学生自主学习能力不强、学生创造力低、题海战术出成绩、教辅资料满天飞等难点问题。它通过小组合作等形式，让学生能充分参与课堂，在讨论与学习、思考与碰撞中体会学习的"悦"。教师则在这一过程中发现学生的闪光点，予以其充分肯定，增加学生学习的快乐体验和效能感。

图5-1-15　和顺一中"和悦课堂"教学结构

（二）从课堂到课程，刻画学校特色品牌的新坐标

当课改进入到"脱模"阶段，学校发展也进入到内涵深化期，仅围绕课堂教学改革，还不足以牵动学校整体特色发展，而课程建设是学校整体发展和特色形成的核心。因此，和顺一中顺应时代发展，结合探索实践与学校实际，构建起凸显学校办学理念、促进师生发展的校本课程体系——"和乐课程"。和乐课程"以"让学生在乐学乐做中和谐发展，在体验成功中体验快乐成长"为指导思想，在国家基础课程下，形成"文明人""生态人""世界人"三大课程群（见图5-1-16）。这些校本课程既是对国家课程的补充、拓展，同时又兼顾师生的成长和发展需求。

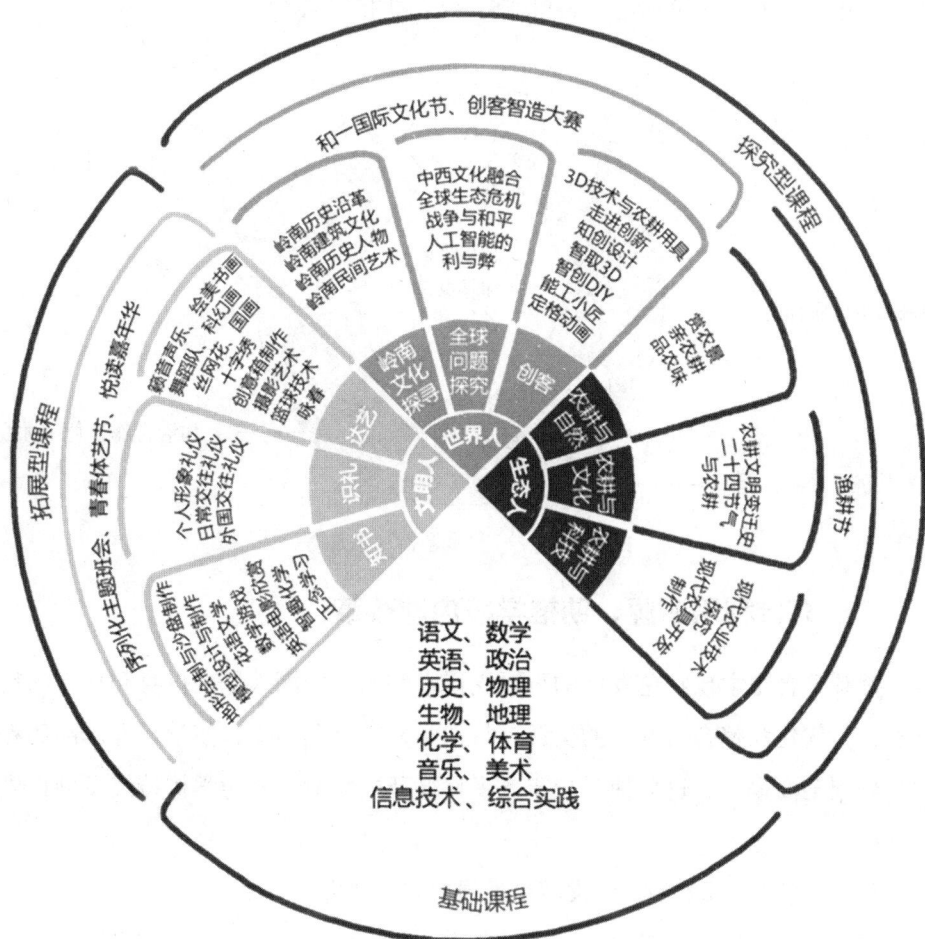

图5-1-16　和顺一中"和乐课程"体系

　　课程的打造需要各部门的参与及各方资源的配合，而课程的发展反过来也能耦合和促进学校各方面的发展。学校在"和教育"的办学理念下，以"和乐课程"为统领，将德育渗透到课程中，实现德育、课程一体化，构建"和谐校园，至善至美"的和美德育；打破课堂的围墙，将课程与实践探究活动相结合，打造"和而不同，愉悦共长"的和悦课堂；借助教师的专业能力开发课程，为学生提供指导，培养"和洽合作，德馨才高"的和馨教师队伍；充分利用家长、社区、社会资源参与课程的实施开发，构建"和衷共济，爱满校园"

的和爱家校；将课程与校园环境相融合，打造劳动实验基地、农耕文化馆等，形成"和融共生，雅而有致"的和雅校园（见图5-1-17）。

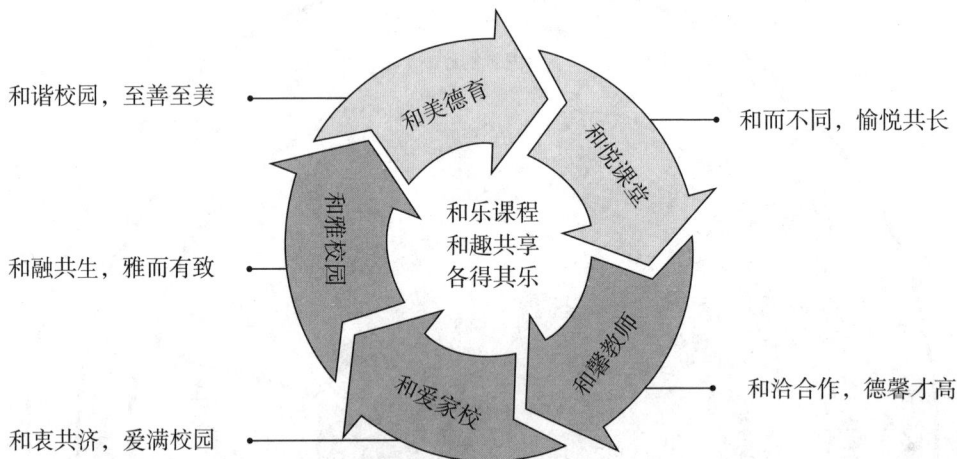

和谐校园，至善至美 —— 和美德育

和而不同，愉悦共长 —— 和悦课堂

和融共生，雅而有致 —— 和雅校园

和乐课程
和趣共享
各得其乐

和洽合作，德馨才高 —— 和馨教师

和衷共济，爱满校园 —— 和爱家校

图5-1-17 "和乐课程"体系图

二、充分利用资源，助推学校内部改革

资源整合是学校特色发展的重要支撑，和顺一中深入挖掘自身和社区的教育资源，优化和整合可利用的资源，打造学校特色和品牌，使学校办学品质和质量得到全面提升，进而使学校步入良性循环的轨道，又为学校持续发展提供了支撑。

（一）整合内部资源，激发特色发展的内生动力

和顺一中早期的课堂改革借助的是自上而下的推动，但当学校发展进入上升期时，学校特色的创建主体应由学校领导班子逐渐转向师生，由被动发展转向师生积极主动发展。因此，和顺一中积极整合校内的师资队伍资源，利用学校名师资源，打造"三室一中心"，即名班主任工作室、名教师工作室、创客发展室、教育发展研究中心，并以此作为平台，通过以老带新，创生优质教师资源。同时，借助"三室一中心"，引领教师主动参与到学校的课堂改革与课程开发实施中，真正实现自主的、多元的、创造性的发展。

（二）引入外部优质资源，充实特色发展内涵

和顺一中在开发和实施"和乐课程"的过程中积极渗入第三方机构、社

区、家长等外部资源。学校引入广东青年干部学院的体验课程资源，邀请干部学院的培训师为学生开展"历奇体验"课程，激发学生的好奇心与学习主动性。结合学校的课改需要，一中将"历奇体验"引入课堂，探索小组合作课堂教学模式，进一步丰富和优化"两环三进"高效课堂模式。在课程开发过程中，学校把家长作为课程的重要参与者，组建家长委员会，邀请家长进校开课，开设"家长论坛"，加强亲子沟通，传播地域文化，实现家校共享共建。

（三）借助政府资源，推动学校特色发展

南海区教育局为推动特色学校的建设与发展，连续三届设立特色学校创建竞争性分配资金，为区域学校特色发展提供政策引领和基本保障。和顺一中充分利用这一契机，借力政府资源，激发学校特色发展的动力。

（1）在第一届南海区特色学校创建竞争性分配资金的角逐中，和顺一中顺利获得政府的资金扶持。和顺一中得以进一步推进课堂改革特色项目。在学校大模式的基础上，开始制定学科小模式；在校内进行品牌学科组建设的竞争性资金分配申报活动，进一步推动教师的课堂改革积极性。学校的教育科研水平大幅度提升，被评为"南海区高效课堂示范校"。

（2）在领导、专家的指引下，藉由第二届南海区特色学校创建竞争性分配资金，和顺一中在课堂教学特色的创建基础上，深入思考，围绕学校整体的内涵发展，提出了包括"和乐课程""和美德育""和悦课堂""和馨教师""和爱家校""和雅校园"六大支柱项目的"和教育"特色学校创建项目，搭建统领学校整体发展的"和教育"特色品牌体系，并且再次成功夺取竞争性分配资金。

（3）2018年，迎来了南海区第三届特色品牌学校创建竞争性资金分配，和顺一中的课堂改革也走过了10年的风雨历程。在经过深入的思考和讨论后，学校始终认为课堂改革是学校发展的根，是"和教育"特色创建永远的核心。但学校要走得更远，必须注入新的理念，开拓思维。因此，和顺一中把"和教育"创建体系的六个支柱项目进行了重新规划和设计，厘清它们之间的关系，以"和乐课程"为统领，进一步在"和美德育""和悦课堂""和馨教师""和爱家校""和雅校园"项目上深入耕作，提升学校特色品牌的品质与内涵。

三、穷则变，变则通：特色创建结硕果

（一）教学成绩高位攀升

2019年，邓子彤同学成为里水镇首位佛山中考高分屏蔽生；2020年，马永琰同学成为佛山中考高分屏蔽生。学生在各类竞赛中频频获奖，综合素养不断提高。

（二）学生的综合素质逐步提高

近三年，学生各类竞赛获奖统计：国家级227人次，省级184人次，市级173人次，区级404人次。

（三）教师专业素养得以提升

各级各类骨干教师数量不断增长，累计20多人次获得南商基金"领航校长""管理能手""教学能手""优秀班主任"等称号；累计获评7个区先进教研组、2个区品牌教研组、3个市示范教研组。

（四）学校特色办学影响力不断扩大

近三年，学校被评为"南海区特色品牌学校培育单位""南海区中小学生学科核心素养培养先进单位""佛山教育最佳口碑单位"。在特色品牌学校创建项目的推动下，学校影响力不断扩大。

盐步中心小学
以人为本的"立人教育"

盐步中心小学位于佛山市南海区大沥镇，创办于1925年，是一所具有九十多年历史积淀的现代化优质学校。

盐步片区自古以来崇文重教，秉承着"写端端正正的中国字，做堂堂正正的中国人"的育人理念。学校坚持了三十余年的书法特色教育，以书法特色帮助学生认识和领悟中华文化的厚重内涵，期间积累了大量的优秀成果，培养了一批批在书法上具有潜能的学生。例如，学校曾有一名学生在赴日本参加书法

比赛时，被中国香港《大公报》誉为"书法小神童"。2011年，在南海区第一届"特色学校创建"竞争性财政资金分配项目上，学校以打造书法特色项目参与竞争并获得资助，得以进一步深化墨香文化特色的打造。

2014年，南海区推行中小学生综合素质评价改革，盐步中心小学被确定为第一所试点小学，这是学校特色创建的重要转折点。在南海区教育局的大力支持下，学校引进高校专家资源，学校着力开发和实施小学生综合素质发展性评价在线系统。在专家指导和反复的实践检验后，研制了"盐步中心小学学生综合素质评价指标体系"。该体系包含品德发展水平、学业发展水平、身心发展水平、兴趣特长养成、学业负担状况5个一级指标，并下设19个二级指标和67个三级指标，三级指标下设229个监测点，全方位多角度对学生进行综合评价（该指标体系经过不断实践、反思和改进，对监测点进行完善，现有监测点为59个）。基于评价指标体系，学校在区教育局的支持下，与技术公司开展合作，开发"学生综合素质在线评价系统"，对学生的各项指标进行实时和动态数据收集、分析和诊断。

学校在学生综合素质评价体系和结合互联网开发评价系统的尝试上取得突破，并且在全国形成一定的影响力。2015年，盐步中心小学受邀参加联合国教科文组织主办的国际教育信息交流大会，彭戈菲校长在"校长论坛"上做专题报告《综合素质在线评价带来颠覆性变革》，在全国引起了极大的反响，《中国教育报》全文刊发了演讲稿，演讲视频在中国教育信息网发布。同年，学校"综合素质在线评价系统"获得全国创新教育案例奖。

在学生综合素质评价系统获得认可后，学校开始思考如何将书法特色教育和学生评价工作进行融合，推动学校特色向更高层次发展。学校回顾特色教育和评价工作的初心——书法特色教育意在引导学生立志，评价工作旨在贯彻立德树人的教育根本任务，以人的存在为第一视角，结合"人是教育永恒的主题"的教育理念，高位思考学校特色办学，最终提出了"立人教育"的特色办学理念，统领学校特色发展。

"立人"，就是站立起来的人，大写的人，是能担当起社会责任，并能为社会作出较大贡献的人。"立人教育"是本着以人为本、可持续发展的教育思想，培养全面发展且富有个性的人。

"立人教育"理念的主要内容是五立：立德、立智、立身、立美、立勤，即立德树人、立智养人、立身存人、立美达人，立勤成人（见图5-1-18）。通过"五立"在教育教学过程中的贯彻落实，学校意在培养具有"岭南气质、大家风范、面向未来"的盐步中心小学学子。

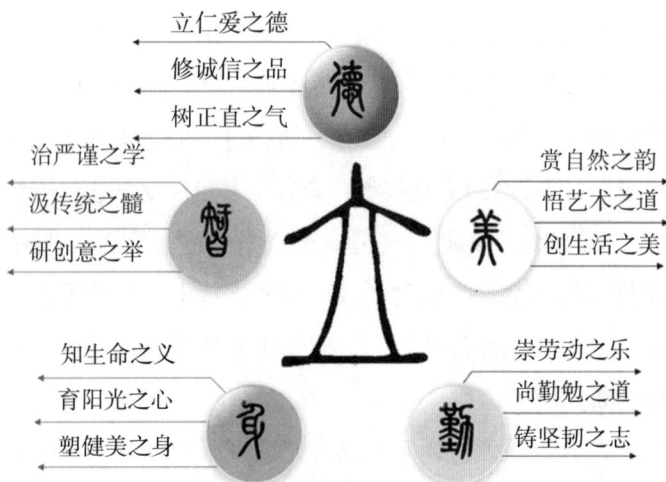

立仁爱之德
修诚信之品
树正直之气 德

治严谨之学
汲传统之髓 智
研创意之举

赏自然之韵
悟艺术之道 养
创生活之美

知生命之义
育阳光之心 身
塑健美之身

崇劳动之乐
尚勤勉之道 勤
铸坚韧之志

图5-1-18 "立人教育"理念的主要内容

立德树人就是树立德业，坚持德育为先，通过正面教育来引导人、感化人、激励人；立智养人重在强调学生能习得人文、科学等各领域的知识和技能，涵养内在精神，成为有更高精神追求的人；立身存人就是培养学生有强健的体魄、健康的身心，培养学生阳光、自律、强健的素养；立美达人就是培养学生良好的审美习惯和艺术素养，提高对艺术的感受力和审美力，体会人间真善美，陶冶情操，释放个性；立勤成人就是拓宽劳动途径，培养学生的劳动意识，养成劳动习惯，提高学生的劳动能力，促使学生感悟劳动价值。

在"立人教育"理念下，学校重新思考各项教育教学工作，构建了"立人教育"课程体系，重构学生综合素质评价系统，耦合各类社会优质资源，等等。

一、建构"立人教育"立体化特色课程体系

课程是"立人教育"下行的重要抓手，盐步中心小学通过构建"全员课程—特色精品课程—德育课程"（见图5-1-19），实现"五育并举"，全面发展学生的综合素养。

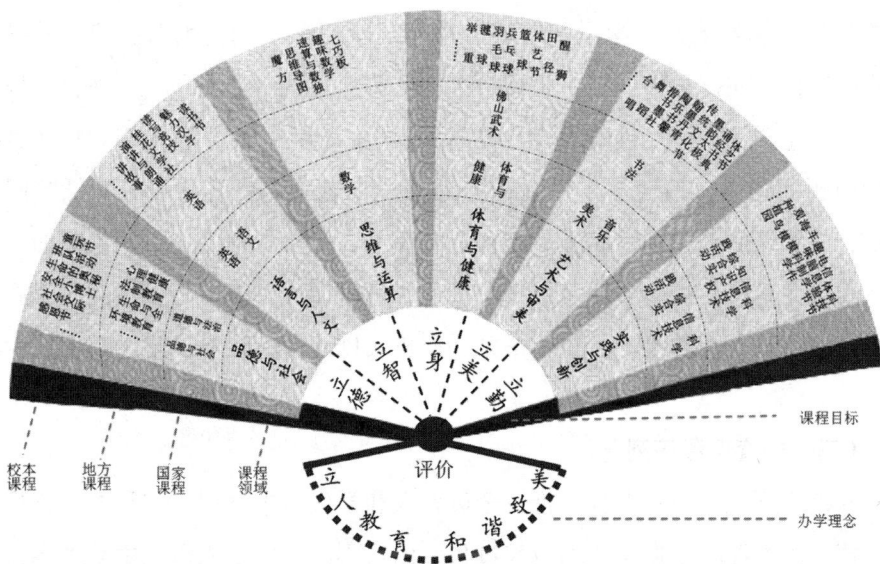

图5-1-19　"立人教育"课程体系

（一）全员课程立体化

学校关注学生核心素养，强调将学生综合素质培养工作与学校课程相融合，课程管理关注需求，落实过程，趋向高质量。"立人教育"课程体系包括六大领域，指向的是学生发展的核心素养：人文底蕴、科学精神、学会学习、健康生活、责任担当、实践创新。充分发挥大数据评价的诊断、改进、激励、导向作用，培养有素养的学生，目标包括"立德""立智""立身""立美""立勤"五个维度。

（二）特色课程精品化

结合学生需求、师资力量和学生核心素养打造精品课程。①诵经书典。为提升人文素养，学校整合书法和传统经典，打造"诵经书典"精品课程。每班每周一节书法校本课，一、二年级学习硬笔书法，三至六年级学习毛笔书法。通过观察字形感受美，临摹碑帖体验美，创作书法表现美，评价作品欣赏美，提高了书写技能，人文素养也得到了提升。拍摄一大批教学视频，上传到学生学习平台，学生随时随需进行观摩、练习。出版书法校本教材。②非遗项目。在传承中创新，学校打造本土非遗"盐步老龙"学习项目，根植于本土文化，挖掘学生创新潜能，提高了学生综合运用跨学科知识和技能解决实际问题的能力，培养学生创新精神。"盐步老龙"创客项目分为低阶课程（一、二年级的老龙动漫黏土、纸艺老龙等）、中阶课程（三、四年级的二维和三维老龙手绘、盐步老龙思维导图等）、进阶课程（五、六年级的研学旅行地图、编写老龙剧本等）。每年举办一次校园创意节，让每位学生都有展示的机会。

（三）德育课程序列化

开设序列化的德育课程，推行全员育人和学生自主管理。"我的成长我做主"德育校本课程根据学生的成长过程，由低到高、由浅入深、由易到难，确立每个年级的养成教育内容，利用"墨墨香香寻宝"模块，采取学生自主管理模式，促进学生习惯养成，把培育美好品德内化为自觉行动。让学生学会自我规划，在活动体验中发现、认识自我，在教师引导下反思、完善自我。

二、善用评价，以评促教

"学生综合素质评价"是推动学校特色发展的重要项目，"立人教育"是基于学生评价的日益成熟而提炼出来的。因此，在学校管理、学生培养、课程与教学改进过程中，盐步中心小学始终贯彻"以评价撬动学校发展"的理念，将评价贯穿在教育教学的各个环节，科学评价教育教学成效，改进教育教学方式。

（一）"评价+激励"，强化学生积极行为

学生评价是评价工作的中心。盐步中心小学不断完善评价指标体系，优化评价线上系统，采用"线上+线下"评价逻辑（见图5-1-20），综合教师、家长、同伴和自我多方报告，全景式扫描学生成长，结合多种激励形式，实现评价信息实时化、主体多元化、形式趣味化、数据可视化、反馈及时化。

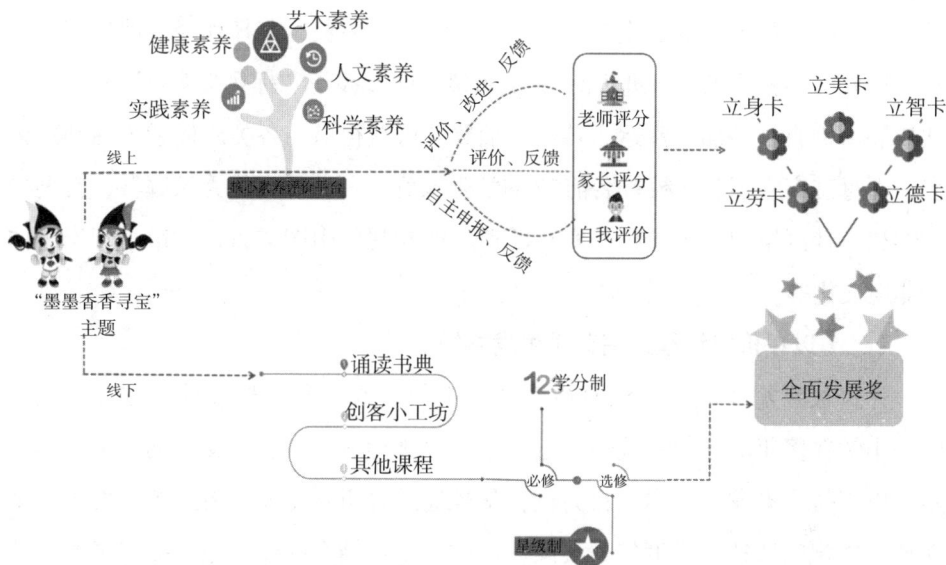

图5-1-20　评价系统逻辑关系图

1. 评价形式趣味化

线上评价系统的构建依据寓教于乐的原则，针对小学生心理特点，研发"果树园"游戏，重点围绕科学、人文、健康、实践、艺术这五大方面的核心素养，把有意义的教育活动变成有意思的游戏。通过学生自我评价、同伴评价、家长评价和教师评价取得积分，在果园商场兑换素养币，购买养料、杀虫剂等，浇灌果树成长。借助蝴蝶、小蜜蜂、毛毛虫等趣味奖惩对学生的行为进行正向引导，果树结果后可分别获得"立美""立德""立身""立智""立勤"星卡，一定数量的星卡可兑换奖品。线下采用素养卡，以集卡的游戏形式，对学生的积极行为和表现进行记录，同时也实现向家长和教师实时反馈学

生表现情况。

2. 激励方式多样化

为可持续激发学生积极的表现欲，强化家庭教育的积极性，学校基于评价系统，定期评选出文明学生、文明班、优秀家庭，采取多样的激励方式促进学生良好的学习、行为习惯的形成。例如，每月在核心素养平台得分最高的前5名学生获得"文明学生标兵"称号，奖励奖章；每学期核心素养总得分、课程学分和星级总数最高的学生，颁发"全能综合素质奖"奖杯和经典课外书籍；对于得分前10名的班级和进步前5名的班级，学校授予"标兵文明班"称号，在学校展示班旗，参加"幸运大转盘"抽奖，可获得参与各类团体趣味活动的机会；而每月家庭积分全校排名前5%的学生家庭，可获评"优秀家庭"，奖励参加学校、社区组织的亲子校外实践活动，如参观佛山图书馆、城市小管家、体验非遗文化等。

（二）以评价定课程，完善学生发展短板

评价最终需要服务于学校教育教学工作，改善学校教育教学方式。盐步中心小学在多年的评价系统使用过程中，逐步形成以数据为支撑的学生培养方案。以"盐步老龙"学习项目为例，学校通过分析学生发展雷达图，发现学生在传统文化认知这一维度较为欠缺。因此，学校结合盐步当地"盐步老龙"的民俗文化，开发"盐步老龙"特色课程，增加学生对传统文化的体验，提升对传统文化的认识。

三、资源联合，多方联动共育

导师队伍建设是盐步中心小学联动多方资源的重要举措，学校通过包括校内导师、校外导师和小小导师在内的导师队伍，构建了三支柱人力资源体系（见图5-1-21），共同促进学生素养培养。

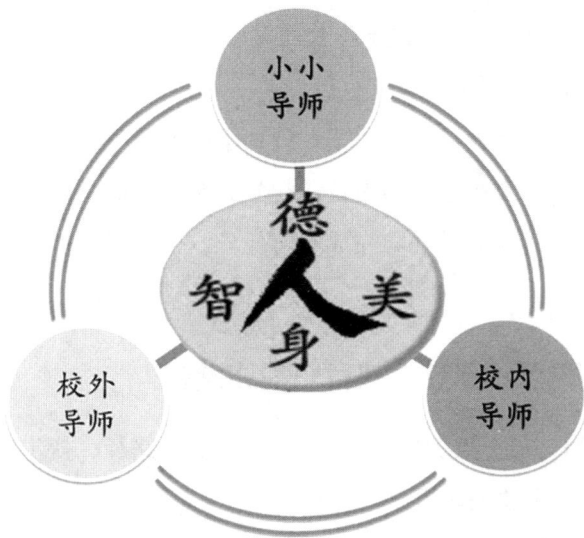

图5-1-21 导师队伍建设体系

（一）全方位培训，助力校内导师成长

教师队伍是校内导师的重要组成部分。为了建设一支高质高效、德艺双馨的校内导师队伍，学校采取雁阵模式，发展内生力量，搭平台、建机制，摸索出科学有效的人才培养模式。关注队伍建设中的人、研、训，提升教师队伍的育人水平。通过"名师引领，发挥'领雁效应'""项目研修，夯实中坚力量""全方位培养模式，助力青年教师成长"等途径，满足教师多样性、多层次、多元化、多方位的成长需求。

（二）拓宽渠道，形成教育合力

教育发展需要校外资源的大力支持。一方面，学校积极发掘家长人力资源，通过家长进校园活动，鼓励家长结合自己的特长和职业知识为孩子开设兴趣培养、职业体验等特色课堂，如"百家讲坛""我的爸爸是英雄"等。通过活动，不仅有利于学生了解父母的职业特点，拓宽知识面，也丰富了学校教育内容，大大提高了家校教育协同效果。另一方面，学校充分发挥佛山市黄飞鸿中联电缆龙狮训练基地、广东书法园、大沥镇关工委、社工、家长义工等稳定的校外人力资源，指导学校龙狮、书法、管乐、空手道、武术等社团开展训

练，定期为学校开展行为习惯训练、花艺、心理疏导、城市小管家、消防、禁毒等主题活动，形成合力，促进学生全面发展。

（三）小小导师，互助成长

为了让学生自主管理，发挥朋辈效应，学校设置学习互助岗、文明行为监督岗、文化宣传岗三类小小导师岗位。让学有余力和有管理能力的学生作为小小导师，帮助有困难的同学共同完成学习任务，引导同伴以及低年级同学养成良好的行为习惯。

四、成就瞩目，"立人教育"成效渐显

在"立人教育"理念的指引下，通过各类实践路径，盐步中心小学特色创建成效逐步凸显，主要表现为：

（一）学生发展成就受瞩目

"立人教育"促进学生全面发展，学生素质获得肯定。学生获得教育部第十四届宋庆龄奖学金；学生参加南海区艺术展演活动，获得声乐金奖、器乐银奖；参加南海区运动会，获校园定向项目团体第一名；获南海区运动会校园定向团体第一名、佛山市第五名；获南海区中小学生女子篮球比赛冠军、佛山市第六名；获得佛山空手道锦标赛团体总分第二名；获得广东省无线电测向锦标赛团体第六名；学校龙狮队代表南海区参加广东省龙狮锦标赛荣获舞狮组团体一等奖，舞龙组团体二等奖。

（二）教师获得长足发展

近年来，通过立人导师团队的打造，各层教师成长迅速，学校队伍获"第四届全国教育改革创新优秀校长""广东省南粤专家型校长""佛山市先进集体"称号。学校教师在各级教师能力大赛中折桂，体育科组获佛山市示范科组。

（三）学校对外辐射日益扩大

目前，盐步中心小学已经成为省内知名度较大的学校之一，省内多所学校到学校参观学习，校长在不同的校长班中分享学校特色品牌建设之路。多项成果在全国、省、市获奖或展出——2018年11月，学校应邀参加第四届中国教育创新成果公益博览会，展出创新成果《综合素质评价助力中华优秀传统文化传

承》，展现了学校以书法为突破口，以综合素质评价为助动力，传承和发扬中华优秀传统文化所取得的成果。2019年，学校成为全国新样态学校联盟和未来学校联盟实验学校。2019年4月，学校应邀参加新样态学校2019学术年会，在家校合作分会场作《新样态家校共育，促进学生可持续发展》主题发言，推动品牌学校发展。2019年12月，"翰墨飘香弘国粹，书道致远立新人"项目获广东省教育教学成果二等奖。2019年11月，学校"弘扬书法文化，坚定文化自信"教育创新成果应邀在全国第五届教育创新成果博览会展出。2020年12月，学校应邀参加2020年明远教育论坛暨广东省中小学校长联合会年会，并在"多元评价：寻找学生学业成绩与综合素质评价的平衡点"分论坛作《基于立人教育视角的学生核心素养评价》主题发言。2021年1月，学校被评为"广东省书法教育常务理事单位"。

第二节 后发学校：特色兴校

在区域教育发展中，必然会存在一批后发薄弱学校，南海的后发学校大多存在办学设施落后、生源条件差、教育资源匮乏等问题。在区域优质教育资源有限的情况下，薄弱学校必须依靠走"变道"才能实现内涵发展，而特色学校正是高效的抓手之一。本节以狮山高级中学、民乐小学、联安小学、海寿小学为例，展示后发薄弱学校是如何通过挖掘资源、重新定位和寻找发展特色，最终实现以特色兴校的实践探索的。

狮山高级中学
体育竞技场上崛起的南海雄狮

"错位发展、内涵发展、最优发展"是后发学校的发展之路。狮山高级中学（以下简称"狮山高中"）地处佛山市南海区狮山镇小塘城区，历经数次更名，原是区内一所薄弱镇属高中，位置偏僻，办学条件较差，办学成绩不理想，招生困难，生源质量差，社会评价较低，学校一度面临撤并，被戏称为"黄土高坡"。

狮山高中早期曾经迎来两次发展契机，一次是镇域改革，小塘镇并入狮山镇。狮山镇计划投入资金发展该学校。但恰逢南海区进行普通高中办学改革，将镇属高中统一纳入区直高中范畴。由于学校性质的改变，狮山镇终止了狮山高中的改造项目。第二次是与区属名校桂城中学合作办学，学校更名为桂城中学小塘分校。借助与名校合作办学的机会，学校生源质量一度有所提升，但由于办学硬件配置滞后，导致学校后续发展受限。由于种种限制，两次的发展契机并没有真正改变狮山高中落后的面貌，导致全校师生缺乏办学自信和成长自信。

2015年，南海区教育局基于普通高中多样化发展的思路，帮助狮山高中确立强化特色的发展路径，促成狮山高中与南海体校合址办学。狮山高中启动"打造体育特色高中品牌行动计划"，结合自身的体育基础及学校的发展规划，引入南海体校的办学资源，将体育竞技作为特色发展的发力点，从点开始，由点到面，着力打造体育品牌高中。学校从学校特色提炼精神品质，以"勇于拼搏，追求卓越"为精神内核，逐渐凝练成"健体、启智、育美、养德"的办学理念，通过成就狮高学子、培养有为教师和打造特色强校等抓手，进行文化建构，进而形成以学校特色为依托，具有全员化基础的特色学校，使学校真正实现办学质量的"脱贫"，成为南海的优质校。

一、资源整合，激发学校办学活力

（一）融合政府资源，驱动学校特色发展

在特色发展初期，为解决学校发展的财政资金问题，狮山高中参加了第三届南海区特色品牌学校财政资金竞争性分配项目，并获得200万的财政资助。在资金撬动下，学校对校内体育设施进行完善和升级，确保体育特色开展的硬件基础。同时，引进优秀教练资源，强化特长学生培养，推动了学校体育建设的进一步发展。

（二）协同社会资源，拓展学校办学力量

学校与广东省体育艺术联合会等社会机构合作，借助机构资源优化体育特长生训练方案。引入北京大学、清华大学、北京体育大学等著名高校专家资源，指导学校科学开展体育训练和提供备赛意见。同时，借助高校优质生源培养基地建设的机遇，学校逐步与湖南工业大学、广西师范大学、华南理工大学等高校对接，为学生寻求升学出路，实现学生的多元化发展。对标清华大学附属中学，建立学术交流关系，实现共同发展。

（三）重组学校资源，夯实学校发展根基

基于学校体育特色办学，学校重新整合师资、课程等校内资源，使之更符合学校的发展需要。学校成立"两室一会"，奠定学校体育特色发展总引擎：体育名师工作室为人才挖掘和体育教师培养提供保障，为训练和比赛提供路径和科学意见；文化名师工作室具体以"青蓝工程"为抓手，对部分骨干教师和青年教师进行培养，营造助推体育特色建设的学术氛围；学术发展委员会对所取得的成效进行评估，同时进行课题研究，走特色建设的科学化发展之路，形成学校特色管理资源。根据训练队成员的备考策略，学校优化课程设置，因材施教，重点开发了语数英政四科的校本课程，与体育训练的校本课程相结合，重组学校资源，夯实学校发展根基。

二、以点带面，丰富学校特色内涵

狮山高中在体育特色办学的实践过程中，创设"雄狮冠军班"，开发田径、游泳、篮球三个体育特色建设项目，确保竞技成绩，培养体育特色人才。经过多年的苦心经营，学校的体育特色项目在高中生体育竞技领域中独占鳌头。随着学校办学品质的不断提升，学校开始挖掘体育特色项目中所蕴含的具有普适性的精神内核。学校在早期将体育运动中所体现的意志、体魄等与学生人格培养相结合，提炼出"勇于拼搏，追求卓越"的体育精神，并结合学校"健体、启智、育美、养德"的育人目标及"打造雄狮风范，展现狮高风采"的办学目标，进一步优化提升，凝练出能统领学校整体发展的办学理念——"文体双全，内外兼修"，培养"最具体育素质的普通文化生和最具人文底蕴的体育尖子生"。学校将办学理念渗透到学校的血脉中，全方位开展赏识教育，借助雄狮形象激发斗志。以此贯穿和统领学校教师队伍、学生、校园建设等方面的发展，激发全体师生的活力与效能。

（一）文体并修，赋能教师自我成长

学校坚持走特色建设的科学化发展之路，以体育特色发展为总引擎，成立包括体育名师工作室、文化名师工作室、学术发展委员会的"两室一会"教师发展模式（见图5-2-1）。一方面，立足学校体育发展需要，成立体育名师

工作室，引进高层次教练、专家等资源，为训练和比赛提供科学指导，提高体育教师的竞技指导水平和专业素养，成为体育教师成长的"孵化器"。另一方面，立足文化科目的发展需求，成立文化名师工作室，以"青蓝工程"为抓手，对部分骨干教师和青年教师进行培养，营造助推体育特色建设的教研氛围。为更好地指导教师开展教科研工作，提升教师的教科研能力，学校成立了学术发展委员会，鼓励教师以科研项目的形式探究学校特色建设路径与机制，科学、系统地评估特色创建成效，形成学校特色管理资源。在"两室一会"的模式下，学校成功激发体育项目品牌建设的新动力，重塑教师的教学自信，灵活推进"一人一课""教师大讲堂""论文发表""课题研究"等措施，引导教师不断发现、思考、交流、解决教学问题，磨炼内功，提高教学水平，高级教师人数每年加增，学校名师也从4人增至15人。

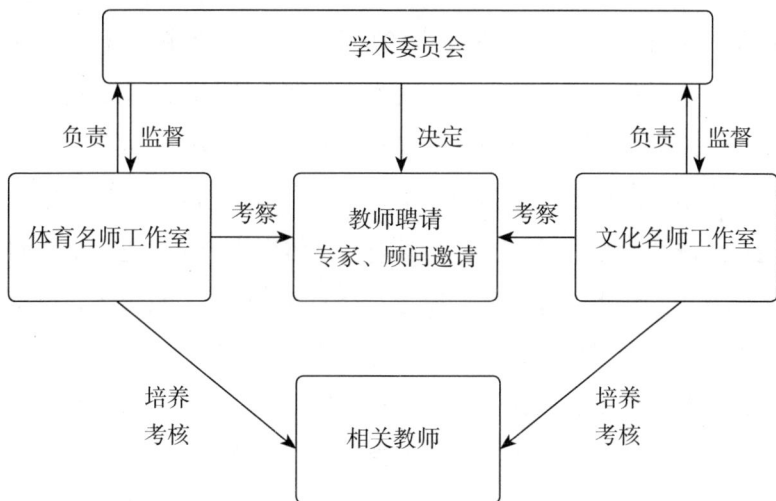

图5-2-1 "两室一会"管理模式图

（二）从拔尖培养到全员覆盖

学校以全员体育为基础，确定了体育特色高中建设的基本做法。一方面，学校借鉴打造体育特色的成功经验，打造美术班和音乐班。如今，美术班和音乐班均取得喜人的成绩，稳居南海区前列。另一方面，随着体育特长生成绩的日益突出，其他学生对自我的期待被激发，学校借此机会开展面向全体学生的体艺节、跑操等特色活动，将"文体双全，内外兼修"的办学理念与"勇于拼搏，追求卓越"的体育精神注入每个学生的人格培养中，实现了从几个人的体育到几十个人的体育，再到全体学生的体育。

（三）师生成长，助推学校发展

随着体育特色创建工作的不断推进，学校培养了大批优秀的教师和学生。学生在国内国际体育竞技赛场上屡获佳绩，社会美誉度和知名度不断提升，受到政府、社会和媒体的广泛关注，学校发展日渐进入快车道，生源逐步改善，校园建设不断完善，先后建起了教学楼、综合办公楼、体育馆、标准运动场、恒温游泳馆等。学校的体育精神与办学理念透过校园环境的更新而得以外显，进一步丰富了特色内涵。

三、初高协同，探索特色办学新路径

特色学校创建最终应当指向学生的培养。狮山高中在学生培养过程中探索出一条"初中—高中—专业训练—成才—名牌大学"的成才之路。作为一所高中，学校发展需要思考生源的输入以及人才的输出路径。因此，狮山高中与初中衔接，在南海区内的小塘初级中学、许海中学和丹灶中学等初中建立生源基地。通过外派体育教师进校指导、邀请初中体育拔尖学生进高中共同训练、招生宣讲等方式，输出学校的办学理念、育人方式以及学校资源，以特色吸引生源。同时，学校把对接高校作为特色建设的一个引导空间，起正向作用，对照其标准，了解其需求，构建创建出路和学生出口。目前，狮山高中与清华大学、北京大学、中山大学、华南理工大学、广西师范大学、汕头大学、湖南工业大学等对接，并已成为华南理工大学、广西师范大学、汕头大学和湖南工业大学的优质生源培训基地（见图5-2-2）。

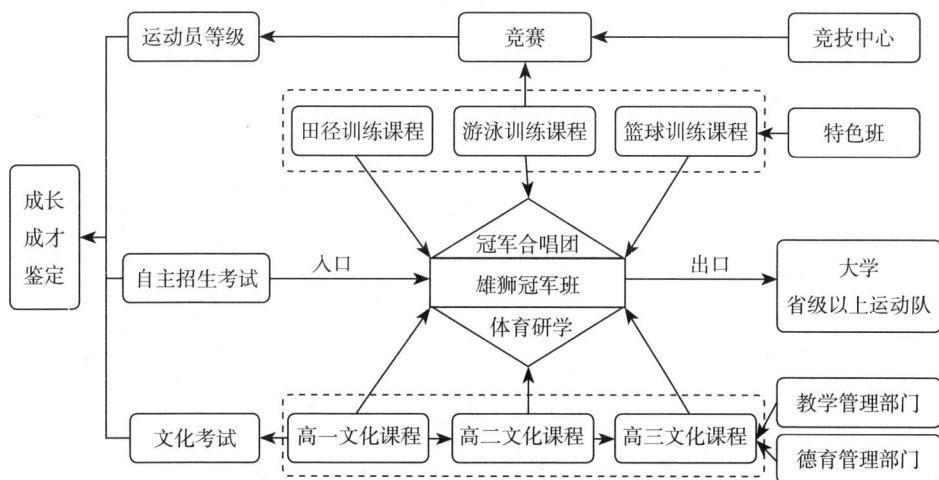

图5-2-2　体育特长生培养体系

四、体育品牌育人才，雄狮崛起震四方

（一）高考成绩逐年攀升

2014—2018年，本科率从不足20%上升到接近65%，本科上线人数从2014年的73人增长到2019年405人。美术、音乐的区域影响力也迅猛发展，对学校高考做出了巨大贡献。体育特长生发展势头好，2015年以来，已有近200人次获国家一、二级运动员资格，如张悦怡同学入选国家橄榄球队，备战2020东京奥运会；100多人次入读全国著名高校，如李力同学被清华大学录取，徐洋平同学被中山大学录取（见图5-2-3）。

狮山高中近年本科上线人数（不含单考）

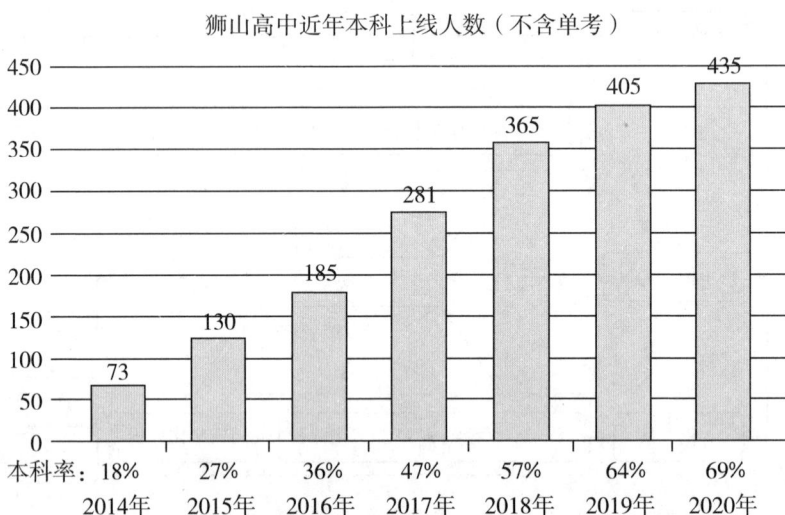

图5-2-3　狮山高中高考本科上线人数

（二）竞技比赛屡获殊荣

国际赛事一鸣惊人。2018年，李贺参加于摩洛哥举行的世界中学生田径锦标赛，获得女子100米和200米两枚金牌。2019年，学校独立组建男子田径队，代表中国参加在克罗地亚举行的世界中学生田径锦标赛（见图5-2-4），获得3金3银1铜的优异成绩。至此，学校共获得世界中学生田径赛事5金3银1铜。国内赛事成绩斐然。2018年和2019年参加全国中学生田径锦标赛，共获得13块单项金牌，打破4项赛会纪录，连续两年获团体冠军，登上最高领奖台，打破了清华附中连续十多年团体冠军的垄断地位。2016—2020年，连续五年获得广东省中学生田径锦标赛团体冠军（见图5-2-5）。2018年代表佛山市参加第十五届广东省运动会，获学生甲组团体冠军。在2020年广东省青少年田径锦标赛上，梁茗杰以13.71秒的优异成绩获得110米栏冠军，并打破了全国中学生最高纪录。

图5-2-4 狮山高中代表中国参加世界中学生田径锦标赛

图5-2-5 狮山高中获得广东省中学生田径锦标赛团体冠军

（三）学校影响日益扩大

狮山高中成为中国中学生体育协会田径分会会员学校，入选粤港澳大湾区体育联盟学校，并且承办广东省中学生田径锦标赛1次，承办佛山市特色学校研讨会2次，承办南海区体育高考研讨会1次。由于学校突飞猛进的办学成绩，《中国教育报》《广东教育》等国内各大主流媒体基本都对学校办学经验做了报道，学校还受邀在2020年新时代全国特色学校建设研讨会等国内重要会议上分享特色办学经验。

民乐小学
农村薄弱学校的飞鸿之志

民乐小学位于南海区西樵镇西樵山北麓，始建于20世纪90年代初，是一所典型的乡村小学。学校办学条件极为简陋，校园面积狭小，占地仅有16 830平方米，校舍陈旧，专业场室和设施设备匮乏。生源组成复杂，75%的学生是外来务工人员子女，家长受教育程度不高，普遍缺乏家庭教育意识，无暇关心孩子。学校师资力量薄弱，教师专业发展动力不足，专业能力欠缺。不利的办学条件和教育环境，导致学校整体教育质量低下。2004年，民乐小学被定为待撤并的薄弱学校。面临存亡困境，学校是坐以待毙还是另求出路？

一、植根文化，以狮艺武术特色项目为支点撬动学校特色发展

民乐小学在面对困境之时，选择了以特色谋求出路。

西樵山是文化名山，是"岭南狮艺武术发源地"，是武术宗师黄飞鸿故里。民乐小学利用本土丰富的传统文化，以狮艺武术为载体培育特色项目，提出"飞鸿教育"理念，为学校打破困境找到了突破点。明确了学校的发展方向后，借由南海区特色创建竞争性财政分配项目的契机，民乐小学解决了阻碍学校发展的资金问题，为学校特色发展注入动力。学校发展起步之初，民乐小学通过"寻找黄飞鸿足迹"的全校性课题研究以及"阳光体育大课间"，初步奠定学校特色发展基础。随后学校致力于开发多彩特色活动，促进"飞鸿教育"落地生根，先后开发了《武动佛山》《佛山大头佛》《舞者传道》《飞鸿赋》《狮道》《鸿鹄方洲》《佛宝闹狮》等系列节目和特色活动，打响了民乐小学

狮艺武术的特色名牌，扩大了学校的影响力（见图5-2-6）。

图5-2-6　学校师生参与对外展示

二、蓬勃发展，整体构建"飞鸿教育"体系

成功打造特色项目后，民乐小学进一步思考如何通过狮艺武术的特色项目带动学校内涵发展，带动学校课程教学、教师队伍等各个要素共同发展（见图5-2-7）。

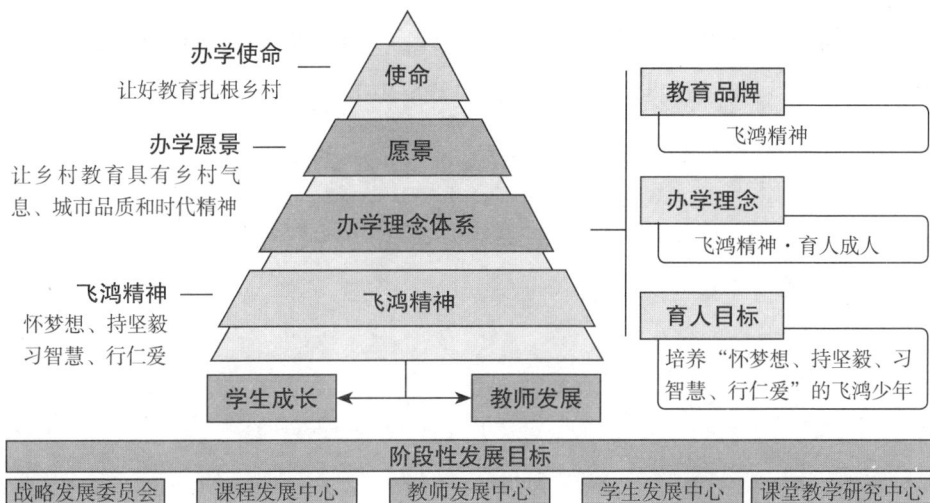

图5-2-7　民乐小学整体发展战略图

2009年，民乐小学开始进行整体构建"飞鸿教育"体系的探索。学校聚焦"飞鸿精神"的内涵深化，进一步明晰学校发展定位。该阶段，民乐小学通过丰富"一训三风"，用《校歌》《飞鸿赋》《飞鸿誓词》体现育人理念，引导学生追逐梦想，同时大力推动校园文化建设，优化育人环境，突显文化育人。学校成立了校级特色发展研究中心，进行全盘布局，物象化"飞鸿文化"，让每一个符号、每一件物品、每一面墙壁、每一个角落均发挥育人作用，体现"飞鸿教育"特色品牌教育的风格和品位。例如，建成"飞鸿校园"主题文化景观，铺"腾飞路"，砌"梦想墙"，造"特色廊"，建"校史馆"。

课程是学校教学的重中之重，民乐小学深刻意识到这一点。在完成前期的特色打造和校园文化建设之后，从2015年开始，学校着力构建富有特色的"小飞鸿"课程体系，涵盖了国家课程、地方课程、校本课程。该体系包含四大课程板块：一是"小飞鸿·修德"。重点对学生进行包含自尊、自信、自爱、自强、自立的"五自"教育。二是"小飞鸿·学艺"。重点对学生的社会适应能力、人际关系处理能力、自我成长能力等进行良好的可持续发展教育。三是"小飞鸿·崇文"。重点对学生的学习能力及运用智慧的能力进行培养教育。四是"小飞鸿·尚武"。重点对学生进行磨炼意志，培养乐观向上生活态度的励志教育。以四大课程板块为基础，系统设计"小飞鸿"课程目标体系、"小飞鸿"课程内容体系、"小飞鸿"课程实施、"小飞鸿"领航评价手册，多渠道、全面化、可持续地推动学生发展（见表5-2-1）。

表5-2-1　民乐小学特色课程

育人	国家课程	飞鸿少年特色课程			
目标	基础性课程	飞鸿少年拓展性课程	飞鸿少年融合性主题课程	飞鸿少年社团课程	飞鸿少年综合性活动课程
厚德	思想品德 心理健康 综合实践	飞鸿少年·行仁爱 小飞鸿规则 飞鸿少年四项修习 国旗下课程	梦想课程 我是谁? 《野孩子》 《我和你》	1. 小飞鸿狮艺团 南狮·狮艺·大头佛 2. 小飞鸿国术团 武术·武艺·舞蹈	1. 文化节课程 厚德文化节: 飞鸿印章集集集·人人行仁爱 我的生活我做主·你我皆感恩
乐艺	音乐 美术 书法 科学 信息技术	飞鸿少年·怀梦想 小飞鸿学乐器 励志歌曲 陶艺·线描·国画 小飞鸿学书法 静心练笔 民小大舞台 劳技课程	《不一样童话不一样梦想》 《身边的大自然》 《家乡特产》 《梦想与团队》 《生命教育》 我要去哪里? 《去远方》 《梦想音乐课》 《理财》	3. 小飞鸿雁艺术团 民乐·合唱·小组唱 4. 小狮子篮球团 U8·U10·U12 5. 小狮兄体育团 毽球·田径乒乓球 ·羽毛球·阳光伙伴 6. 小鸿鹄创客团 创意电子·3D打印	乐艺缤纷秀: 全员巧手节·人人艺术家 大城小匠·全员缤纷show 崇文分享汇: 人人一手好文章创作 人人演说家·人人是辩手活动 尚武嘉年华: 全员运动会·人人运动员
崇文	语文 数学 英语	飞鸿少年·习智慧 自然拼读 全脑思维 科学实验 数学文化	《计算机里的魔方师》 《玩转科学》 《爱绿小卫士》 《安全教育》 我如何去?	魔方机器人·积木搭建 信息学·动漫·小发明 7. 兰亭书法苑 欧体·颜体·隶书 8. 水墨童真国画苑	2仪式3典礼 升旗仪式·宣誓仪式 入学礼·成长礼·毕业礼 3. 主题教育课程 传统节日·国防·安全教育
尚武	体育	飞鸿少年·持坚毅 岭南少儿狮艺 岭南少儿武艺 全员篮球联盟 大课间	《思维导图》 《信息与秘密》 《多元使用才能》	陶艺·线描写生·国画 9. 小飞鸿文学苑 主持·写作·演讲	4. 研学课程 毅行12公里 博物馆·科技馆 佛山文化·粤港澳大湾区 带着"飞鸿"去研学

在"飞鸿教育"理念下，教师作为教育过程的主体，同样是学校核心培育的群体。民乐小学构建"飞鸿之师共同体"成长模式，实施专业发展"三三工程"，划分"三格"培养层次，即分成新教师"入格"培养、青年教师"升格"培养、骨干教师"风格"培养。铺设专业发展"三环道路"，即铺设"外环"（教学基本功）、"中环"（教学策略）、"内环"（教学思想）。以"师德为本、师能为基、师研为体"为主线的教师发展体系，为老师的成长创设关键人物、关键事件、关键书籍，通过专业阅读、专业写作和专业共同体的"三专"模式，引导教师守业、敬业、专业、乐业、创业，立体化促进教师发展，造就"飞鸿之师"（见图5-2-8）。

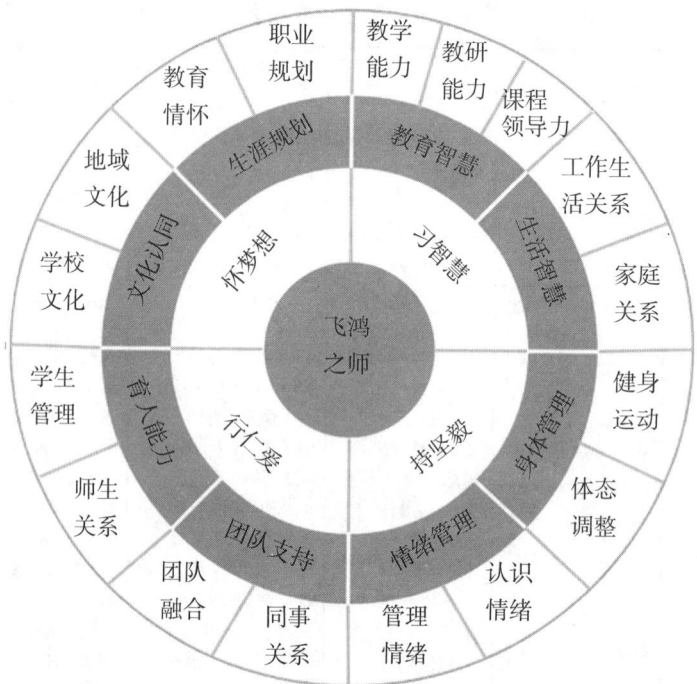

图5-2-8 "飞鸿之师"能力模型

三、成效显著，成就飞鸿奇迹

民乐小学作为一所农村薄弱学校，通过挖掘本土传统文化，阐发文化特色，创新传统文化表达方式，发掘学校发展突破点，借助区域政策，激发自身办学活力，全力打造品牌特色项目。同时，以品牌为支点，耦合校园文化、教师队伍、学生队伍、课程教学等其他要素，共同发展，最终造就了"飞鸿教育"理念与实践体系，实现后发学校的华丽转身，成为具有一定引领和示范作用的新时代乡村小学优质化发展的典型样本。主要取得了以下成效：

（一）学校办学质量得以提升

学校被评为"广东省首批艺术特色学校""广东省体育特色学校""广东省体育（武术）传统项目学校""广东省教育综合改革项目示范区试点学校""广东省依法治校示范校""佛山市首批传统文化传承学校""佛山市优质化学校""佛山市示范性家长学校""南海区品牌培育学校"。

（二）学生综合素质得以加强

学生后续发展强劲，从民乐小学走出了奥运冠军林福荣、广东省高考状元陈兴荣、清华学子施展、中央美院学子陈嘉璇、中国武警学院学子周志强、"广东省十佳优秀少先队员"何雅思等。

近5年来，民乐小学学生共18次登上了中央电视台，学生节目分别于2014、2016、2018年三次登上中央电视台春节联欢晚会的舞台。2017年，民乐小学师生代表中国出访澳大利亚和瓦努阿图，进行为期8天的官方访问交流，其表现受到了瓦努阿图总理以及中国驻瓦努阿图大使的赞许。

（三）学校办学成果得以推广

办学成果受到中国教育主流媒体的关注和报道，《中国教育报》《中国教师报》《广东教育》等媒体均做了专题报道。中央电视台《记住乡愁》栏目拍摄了关于民乐小学传播本土文化，践行本土人文精神的专题片。中国教育电视台《传承的力量》栏目报道了民乐小学以文化传承为主要脉络的特色学校建设之路。

2015年，《飞鸿教育·育人成人》特色学校创建方案获南海区特色学校创建竞争性资金第一名。2016年10月，民乐小学《飞鸿教育·育人成人》特色学校创建方案获广东省特色学校创建方案评比一等奖，并被收入《广东省特色学校创建优秀案例》。2020年，民乐小学作为南海代表在新时代全国特色学校建设研讨会上做主旨发言。

联安小学
叙事教育造就一所有故事的乡村小学

联安小学位于佛山市南海区丹灶镇。2001年，丹灶镇政府撤并薄弱学校，成立佛山市南海区丹灶镇联安小学（以下简称"联安小学"）。

办学之初，学校面临着很多困难——环境条件十分简陋，办学质量不高；师资水平较低，教师自主发展意识不强，成长缺乏抓手；学生生源复杂，既有周边小五金企业老板的子女，也有外来务工人员子女，政策性借读生占学生总数的40%以上，学生家庭条件两极分化，家庭教育质量参差不齐。基于学校现实境遇，学校选择"美德教育"为办学特色。德育工作是学生教育工作的重中之重，是引导学生"扣好人生第一粒扣子"的关键工作，联安小学期望通过"美德教育"的开展，引导学生全面发展，从而提升学校教育教学质量。

2009年，学校提出以"叙事德育"作为德育工作抓手，以叙事促进德育，用叙事提升教师队伍水平。联安小学参照德育大纲，结合本校学生实际，发动教师收集各类故事，形成故事读本。通过教师"课堂讲故事"、家长"进校讲故事"等方式，用故事教育学生，感化学生。2011年，学校"构建序列化叙事德育体系，促进学生全面发展"项目被确定为南海区教育综合改革重点项目，正式开启了学校在"序列化叙事德育"领域的研究。2015年，联安小学以"序列叙事创新德育"特色项目获得区"特色学校创建"竞争性分配资金项目资助，促进了"序列化叙事德育"的深化发展。在"序列化叙事德育"的带动下，学校整体办学水平得到较大提升。2016年，联安小学被南海区评为首批"办学规范，品质领先"示范校。2018年，在"序列化叙事德育"项目成果显著的基础上，学校将其升级扩展为"叙事教育"项目，并获得南海区2018普通高中及义务教育阶段学校"特色品牌学校"创建财政资金竞争性分配项目资助，被评定为南海区特色品牌培育学校。2019年，联安小学《序列叙事德育课程，让成长可见》课程成果被评为广东省教育教学成果一等奖。至此，学校已初步形成了独特、整体、稳定、科学、优化的运行机制、办学风格和教育教学模式。

"序列化叙事德育"引领联安小学从一所薄弱的乡村小学，成长为一所具有办学特色的区域名校。并且在实践过程中，"序列化叙事德育"项目不断强化，最终被学校升级拓展为"叙事教育"项目，通过建设学校叙事课程体系、培养叙事教育教师队伍、打造叙事教育校园文化、联动校内外资源等路径，为学生建构成长的美好故事线，全面发展学生素养，并辐射带动学校后续发展。

一、"叙事教育"下的特色学校建设

（一）构建叙事课程体系

学校着力建构叙事课程体系，依据中国学生发展核心素养，把序列叙事德育系列课程和国家学科系列课程、主题综合实践活动课程进行梳理、整合，完善校本教材和新编学科叙事读本，使之更符合学校和学生的实际需要，为学生个性化、全面和谐发展提供丰富的课程。

1. 开发"序列叙事德育"课程

学校特色发轫于"序列化叙事德育"，在这一领域积累了相当的经验，目前已形成成熟的"序列叙事德育"课程体系。该体系由叙事德育课堂模式（见图5-2-9）、课程资源读本（见图5-2-10）、序列主题课程、五条德育实践长链、乡土实践研学活动课程、叙事校园文化六个板块组成，它们既有内在紧密联系又有科学逻辑关系，形成了强大的育人体系。

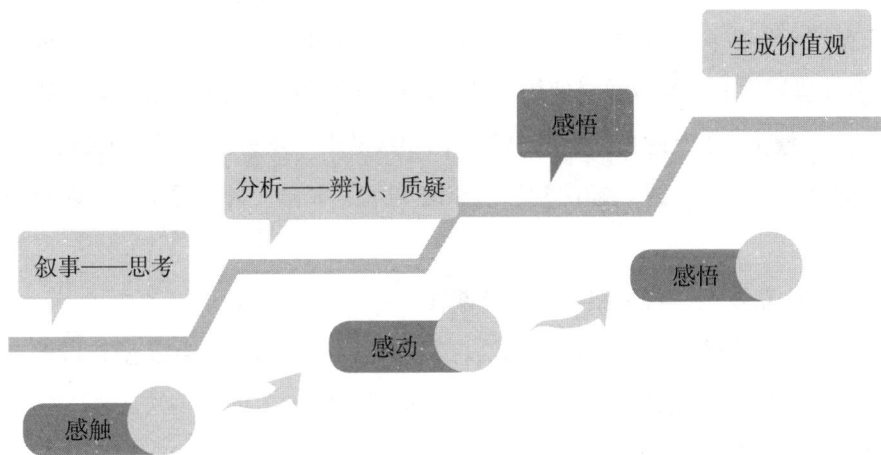

图5-2-9　"叙事德育"课堂模式

《教育故事读本》
（高低年级版本）
{ 经典故事篇
近代故事篇
身边故事篇

叙事德育读本体系

01

《有为六德读本》
（彩绘读本）
（高低年级版本）
{ 忠勇篇
仁爱篇
正义篇
尚礼篇
诚信篇
明智篇
→ 了解丹灶文化
弘扬有为精神
争做有为少年

02

《有为志士读本》
（4～6年级使用）
{ 企业家
人民公仆
工匠
技术人员
教师
医生
→ 挖掘有为翘楚
植德于心
外化于行

03

04
《身边的美德故事》（教师篇、家长篇）

05 《身边的美德故事》（学生篇）

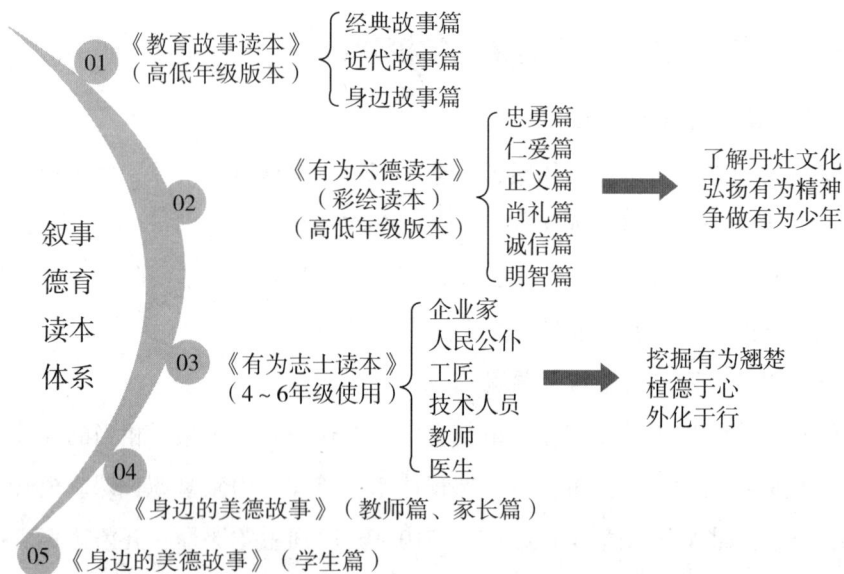

图5-2-10　"叙事德育"课程读本体系

2. 编写学科"叙事教育"系列读本

在"叙事教育"理念的牵引下，联安小学对国家课程进一步深化，编写了6本学科系列读本，配合教材使用。其中，《美文美段赏析集》五、六年级语文学科各一本，《数典论今，学贯中西》四年级数学一本，*English Stories Party*三年级英语一本，《走进艺趣课堂》三年级美术一本，《科学看世界》四年级科学一本。

3. 创设普及型"特色叙事"教育课程

学校面向全体学生开设静心书法课程和英语故事课程等普及型叙事教育课程。其中，针对书法课程开发了书法静心曲及练字本，配套书法软件，辅助学生学习书法；英语故事课程由学校英语科组根据教学内容和学生特点，收集、改编、创编一些适合中高年级学生的英语小故事作为上课的主要内容或辅助内容，寓教学内容于故事之中。

4. 开设特色"叙事教育"拓展课程

针对学生兴趣与特长发展，学校开设篮球、毽球、跳绳、书法、歌咏、摄影、举重、田径、足球、舞蹈、腰鼓、版画、编程、科技、书法精英、美术陶艺、小记者、小演讲家、小主持和英语口语二十多项特色拓展课程，培养学生的广泛兴趣和才艺，并聘请校外专业人士及发掘本校专长教师的潜能开展课程，丰富拓展课程优秀师资（见图5-2-11）。

语言艺术课程

男子舞蹈课程　　　　　　　　　　摄影课程

篮球课程　　　　　　　　　　　信息技术课程

毽球课程　　　　　　　　　　　醒狮课程

举重课程　　　　　　　　　　　动漫课程

版画课程　　　　　　　　　腰鼓社团

美术课程　　　电脑机器人课程

图5-2-11　叙事特色拓展课程

5. 建设"叙事教育"微课资源库

学校利用互联网，通过项目学习，培训教师独立完成优质微课资源制作，着力打造"叙事教育"微课资源库，供教师和学生随时查找、观看或下载学习。

（二）培养"叙事教育"教师队伍

学校开展"叙事教育"的初衷是希望通过叙事的方式促进教师的专业成长。联安小学采取"扶上马，引领跑""变向加速跑""扬鞭策马""引进来"和"走出去"相结合的方式，整体培养"叙事教育"教师队伍。学校从外引入培养编、导、演、思、构五大能力的专家，为老师的五大专业能力的快速成长助力，同时鼓励科组和备课组以问题为导向，以叙事点、叙事形式等为切入点，深入开展叙事教育科研，以科研引领"叙事教育"发展，形成学校学科教师发展特色品牌。

一方面，联安小学重视拓展团队视野，分批组织校级领导、中层、科级组长与骨干教师到北京、深圳、重庆等名校跟岗学习，提高管理团队的管理水平、执行能力和教科研能力。另一方面，学校注重积累学校发展专家库。学校对接高校专家资源，开展"正面管教"等研训项目，提升教师知识储备，建构教师教育教学过程的理论基础。同时，学校引进各学科名师，通过研训结合的方式开展序列主题培训，提升教师学科专业水平，确保教师在融合叙事教育与学科教学的过程中更加有的放矢。

（三）融通各方资源，丰富"叙事教育"实施路径

联安小学在特色创建的过程中秉承终身教育和协同理论，围绕学生全面发展和终身发展这一核心，注重对校外资源的融通，充分利用各类资源，促进学校的内涵发展与育人实效。

学校连续两届获得南海区"特色学校创建"竞争性财政资金分配项目。利用这项资源，学校大力营造"叙事教育"校园文化，升级学校设施设备，打造了"六廊一梯"文化长廊，凸显了序列叙事文化氛围，充分发挥校园文化在育人过程中的陶冶情操、塑造人格的作用。同时，学校还升级了教学场室与设备，让故事充满校园——创建动漫制作室，配合开设动漫课程，通过学生制作动漫呈现故事；配置触屏式视像及语音系统，将学生收集的故事、学生表演的节目、老师拍摄的微课等资源放置其中，随时供学生课间观看、学习。

构建"三维一体"立体教育网络。联安小学积极探索家庭、社区和学校协同育人，发展教育与社会资源整合共享、共建、共赢的发展之路。一是通过"一诵二台三维四爱"工程，创新家校社共育模式，并且学校不忘回馈社会，通过"四爱"，开展社区志愿服务，帮扶学校低保困难家庭学生和教职工，帮助外来学生融入本地文化。二是通过搭建"悦评越好"家校共育平台，运用六条德育长链游戏闯关、成长积分兑换等活动策划，利用信息化手段提升家校共育成效，实现1+1＞2。三是联动区域资源，创建社会实践中心，开发和实施序列叙事德育的实践研学课程，创建六类社会实践中心（文化古村、创新教育基地、特色产业、绿色产业、农业基地、拓展实践基地）并确定实践主题，培养学生创新精神和提高学生的实践能力。

二、"叙事教育"成就优质教育

学校聚焦"叙事教育"，从"序列叙事德育"到"叙事教育"，从学校的德育工作升级到全面的教育教学工作，已形成可持续发展的特色教育，师生获得长足发展，特色创建成果辐射到区、市、省，甚至全国的同类型学校。

（一）联安少年初长成

目前，在"叙事教育"理念下，学校教学质量节节攀升，在镇区质量绿色监测中各项指数均排在镇前列。近3年来，联安小学六年级毕业班语数英三科综合指数有两年名列第一。在2018学年和2019学年镇目标管理体系评估中均列全镇第二。学生学习能力强，发展潜力足。原联安学子成绩优异，考上重点高中的比例不断创下新高，其中多人考入北京大学、（中国）香港中文大学、北京理工大学等全国知名学府。

（二）叙事师资渐成长

以"叙事教育"为抓手，教师教育教学观念得到改善，育人意识增强，在理论培训与实践研究中，教师专业素养获得质的提升。近年来，围绕叙事教育，教师在各级各类课题研究中获得成长，主持广东省重点课题《小学德育序列化叙事创新策略研究》、佛山市级课题《小学微课教学设计的实践研究》等并顺利结题。教师在各类竞赛、辅导中获奖多、档次高。教师每年获区级以上奖励200项以上，新教师的基本功与现场作课能力呈逐年上升的趋势。其中，学校教师课例《玩偶大本营》被评为教育部2016—2017年度"一师一优课、一课一名师"活动"优课"；《儿童交通安全小学堂》荣获第十七届全国教育教学信息化大奖赛基础教育组课件一等奖、《儿童自我保护之性侵预防》荣获第十九届全国教育教学信息化大奖赛基础教育组课件二等奖。教师通过运用叙事教育理论与技术，编写6册校本德育读本和6本学科系列读本，获得专家与同行教师的肯定。

（三）学校发展创佳绩

通过多年的实践研究，学校的特色创建实现跨越式发展，"叙事教育，教育叙事"已成为联安小学的办学特色，德育工作、教学质量、体艺工作与特色建设得到全面提升，社会美誉度不断提高。2019年，《序列叙事德育课程，让成长可见》斩获广东省教育教学成果奖一等奖。学校教育成果对外辐射日益增强，逐步彰显"叙事教育"特色品牌。学校在丹灶镇推广联安小学"序列叙事德育"课程成果后，镇内所有中小学均被评为"佛山市德育示范学校"，其中全国家长学校3间，佛山市家长学校5间，学生心理素质、行为习惯、学业水平在南海区绿色检测中逐年提升。学校特色办学成果在《广东教育》《珠江时报》等媒体上宣传报道，在连山壮族瑶族自治县、乐昌市等地推广。2020年，麦挺锐校长在新时代全国特色学校建设研讨会上介绍"序列叙事德育"项目，获得来自全国各地参会代表的好评。

海寿小学
小岛上的一抹"绿色"

九江镇海寿小学创办于1882年，是一所百年老校，同时也是一所"麻雀小学"，是目前佛山市规模最小的乡村小学。学校位于西江的一个美丽小岛——海寿岛上。由于海寿岛的特殊地理环境，小岛相对闭塞，与外界交通不便，岛外师生每天要搭乘渡轮往返学校。学校办学条件落后，一度濒临撤并。基于现实的办学困境，海寿小学的师生意识到要发展，必须立志奋起，试图改革。

借助海寿岛特殊的地理环境及得天独厚的自然生态资源，学校因地制宜，走特色发展之路，打造学校品牌。2008年，海寿小学确立了以"绿色教育"为办学理念的教育战略，立足校本研究，关注师生发展。"绿色教育"强调以人为本，遵循孩子的成长规律，促进学生的全面发展和可持续发展，体现一种和谐、自然、人本、民主的教育理念。

经过多年的探索与实践，学校"绿色教育"办学成果日益丰富，培养出"全国模范教师""南粤优秀教师"等先进教育工作者，学生的综合素质不断得到提升。海寿小学也从一间落后薄弱的乡村小学一跃发展为区域内的名校，成为海寿岛上一道亮丽的风景线。

一、走出一条师生共同发展的"绿道"

（一）打造多元育人的绿色课程

课程是呈现学校特色办学理念的重要载体，是实现学校育人目标的核心抓手。海寿小学通过开发特色课程，不断丰富"绿色教育"的内涵。一方面，学校充分挖掘和利用社区资源，根据学生的实际需求，有针对性地开发校本特色课程。如，海寿岛上有丰富的江泥资源，为了让孩子们能够亲身感受小岛的美丽，学校专门开设了"江泥陶艺"校本课程，还编写了校本教材《陶艺实践与探索》，每班每周有1~2节陶艺课。陶艺课程受到师生的欢迎，学校也成为广东省教育厅陶艺研究中心成员单位。另一方面，鉴于校本课程具有独特性、趣味性，学校在国家和地方课程的基础上，有机整合校本课程，使之更符合学生的发展需要，课程架构得以改善，产生新的吸引力，让学生更容易接受，如英语学科与信息技术、科学与信息技术、科学与综合实践、美术与综合实践等（见图5-2-12）。

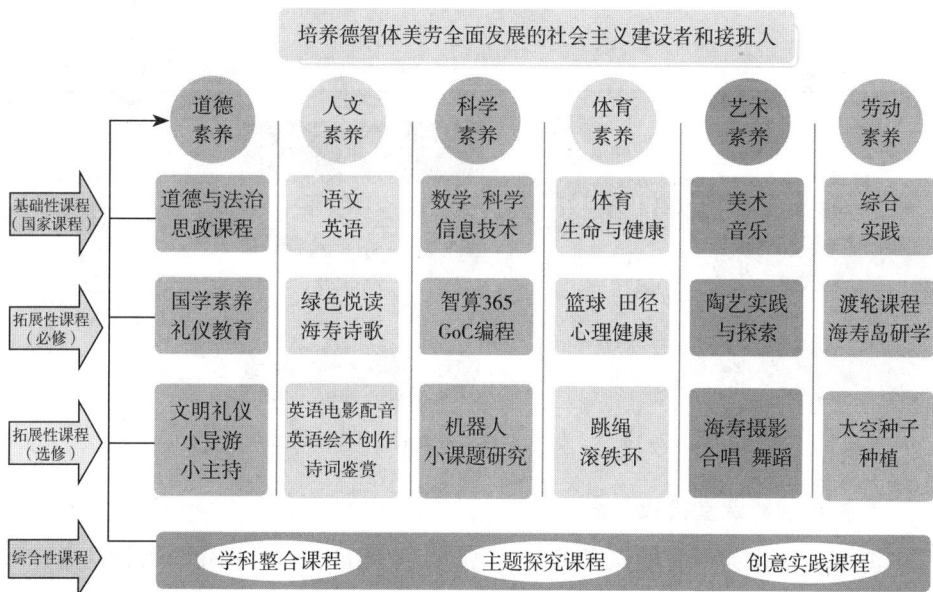

图5-2-12　海寿小学绿色课程体系

（二）构建"自主+智慧"的绿色课堂

1. 创新小组合作课堂模式

由于海寿岛的环境长期相对封闭，课堂教学环境单一、模式落后，教师观念陈旧，对学生的知识增长和拓展有一定的影响。因此，学校启动了课堂教学深度改革，学校根据班额只有30多人的实际情况，决定实施小班制的小组合作学习的课堂改革，实施"三四五+N"自主与合作课堂教学模式以及绿色课堂多元评价。"三四五+N"自主与合作课堂教学模式是指，整个教学活动具有"三个模块"，即预习与探究、展示与研讨、测评与反馈；整个探究导向有"四种方法"，即目标分解法、探究导向法、尝试训练法、自我发现法；教学操作要有"五样调控"，即集体提示调控、教学氛围调控、小组竞赛调控、小组评价调控、层次练习调控；教学过程包括"N个环节"，即自主预习、小组观摩、小组研讨、小组展示、师生评议、层次测评、交流反馈等（见图5-2-13）。

图5-2-13　海寿小学"三四五+N"课堂教学模式

2. 构建智能课堂模式

海寿小学作为"智能课堂（电子书包）"项目和"可视化学习行动研究"项目实验学校，构建了"互联网+电子书包"的教学模式。2016年起，学校的智能课堂多次面向市、区、镇展示，同时邀请了日本关西大学和明治大学的教授专家、华南师范大学的信息技术团队到校听课指导，收到了良好的效果；2018年3月，获得南海区发展研究中心电教站的邀请，学校老师带学生到区现场拍摄"一师一优课"，并被评为2018年省级和部级"优课"。依托信息技术手段的"互联网+"课堂教学模式突破了小岛的地域限制，让小岛的学生实现了随时、随地、随需的个性化学习，拓宽了学生的学习的渠道和方式，扩大了知识面，增长了见识，提高了学生的学习兴趣、自信心和学习效率，点燃了学生学习的激情。可视化思维工具提高了学生的思维能力，为学校推动课堂教学改革的深化迈出了重要一步。

学校把原有的"三四五+N"自主与合作、"互联网+电子书包"和"可视化学习行动研究"课堂模式进行有机整合，大大提高了课堂效率和课堂教学质量，教师可以根据教学目标、教学内容、学情等自主选择合适的课堂模式。一方面，促进了教师专业水平的提高，为教师的专业成长提供了平台。另一方面，学生通过"电子书包"等信息技术手段，根据自己的学习能力，选择适合自己的学习资源进行自主学习，体现了"以生为本"的教学理念；而学生100%的课堂参与率，则凸显了学生在学习活动中的主体地位，实现了个性化学习，提高了学校的课堂效率和教学质量。

二、校社"四园"，激活学校—社区发展新活力

随着"绿色教育"的发展，学校面临着资源紧缺和技术支撑贫乏的困境，发展步伐越发沉重。该如何突破学校特色发展的瓶颈，再度实现学校特色优质发展，是摆在海寿小学面前的一道新难题。2017年下半年，党的十九大报告提出要将大力实施乡村振兴战略作为国家战略之一写入党章。作为岛上唯一一所学校，学校师生敏锐地意识到这一发展契机，自觉承担起乡村振兴的责任。因此，海寿小学以"绿色教育"理念为指引，整合社区、社会资源，探索出一条学校—社区紧密联系，共同发展的"绿道"。通过校社"四园"建设，进一步提升孤岛小学校的办学品质，同时实现学校教育功能和成果向社区主动辐射，鼓励社区积极参与学校教育活动，共同举办各类群众性活动，实现资源共享，使学校与社区紧密合作，形成相互协作、联同发展的良好局面（见图5-2-14）。

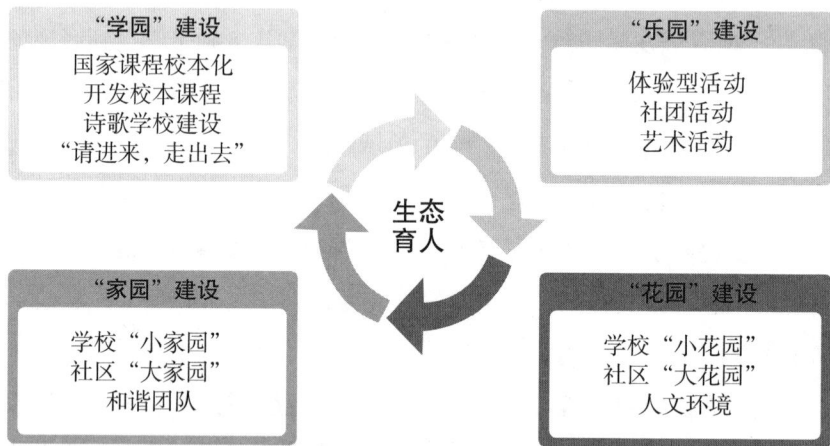

图5-2-14 海寿小学"四园"建设模式

（一）"学园"建设

"学园"建设是指以"绿色教育"为引领，把海寿小学建设成海寿师生、社区群众学知识、学文化的海寿"大学堂"。"学园"建设的根本目的是形成校内外新形态的知识学习环境和渠道，促进学生、教师、家长和社区民众知识素养的提升。具体内容如下：

1.创新课程实施方式

充分利用本土资源实施学科课程。在给四年级的学生上以《我的家乡》为题的写作课时，教师带领学生游览海寿岛，学生带上笔记本，边感受，边观察，边记录，从海寿岛的变化、海寿岛的自然风光、海寿岛的风俗文化、对海寿岛的情感等几大方面来开展写作描写，感受家乡海寿岛的自然生态美。

结合学生实际，将国家课程与校本课程有机结合。学校在实施国家学科课程"科学"的过程中，创造性地与校本课程"太空种子种植"相结合，让"科学"课内容更丰富，更贴近学生。学校在校园的旁边，专门开辟出半亩地，让孩子们种植"太空种子"。"太空种子种植"校本课程以学生的自主性、探索性学习为主，鼓励学生在实际生活中选择和确定研究专题，主要以个人或小组合作的方式进行。通过亲身实践获取直接经验，养成科学精神和科学态度，掌握基本的科学方法，提高综合运用所学知识解决实际问题的能力。

2. 积极创建海寿诗歌学校

借助九江镇开发"海寿诗歌岛"文旅事业的东风，学校把"诗歌学习"纳入校本课程开发范畴，积极带动学生参加各类诗歌活动，丰富学生知识学习的内容，凸显海寿地方特色。2017年2月，九江镇政府在工作报告中指出要开发海寿文旅产业。2017年6月，由九江镇政府主办，镇文体宣传办、镇教育局、南海文联在九江镇海寿小学联合举行海寿诗歌学校成立大会，确定海寿小学为"海诗歌学校"。海寿小学还被广东省诗歌创作委员会确定为"海寿诗歌岛创作基地"，许多区、镇级的大型诗歌活动都在海寿小学举行，在社区和家长中收到了良好的效果，学校的美誉度得到了提升。社区对学校工作给予了高度评价，从而使校社有效融合。2018年5月，学校被南海区文联评选为"南海区中华诗词首批示范学校"，许多文人墨客及诗词爱好者在海寿岛举行了诗词创作活动，学校发动学生家长、海寿社区群众及访岛游客积极参加各类诗歌活动。如诗歌朗诵、诗词大赛、诗词赏析等。在这些活动中，学校发挥了"绿色教育"的教育功能，紧紧抓住了学生、家长和社区的学习需求，主动出击，把社区学习模式从单一的听讲座变为"学生带动家长、孩子带动长辈"的主动行为，为家庭教育添上了浓重的一笔。海寿诗歌岛的建设也推动着学校开展新局面。

3. 主动向家长、村民传播文化知识

由于海寿岛上的家长与外界接触相对较少，文化知识水平不高，因此学校借助"学园"建设，深入开展家校联动，开展多种形式的家校合作活动，以培训、讲座、论坛、微信公众号等形式向家长传播家庭教育知识，提升家长的家庭教育意识和引导水平。学校借助家长学校的平台，完善了家长委员会制度，每学期至少有一次重要的家校交流活动，每学期进行一次校级家庭教育成功经验分享会、主题讲座、亲子活动、班级家长沙龙、案例教学等。利用微信班级群等交流平台，促使家长在群内进行家庭教育经验交流分享，并利用微信公众号向家长推送家庭教育知识。

在学校的引领下，积极对村民进行现代文明知识教育，用道德讲堂、讲座、教学开放日、校社活动、宣传画报等形式提高村民的知识文化水平。每年至少向村民开放一次学校课堂，举办主题交流活动，利用学校微信公众号向村民推送新时代文明知识，并对习近平总书记对新时代教育形势的要求和乡村振兴战略方针进行解读，突破海寿村民固有的思维定式，用更开放、更包容的眼光接纳岛外的新鲜事物。

（二）"乐园"建设

"乐园"建设是指以"绿色教育"理念为引领，把海寿小学建设成为释放学生天性，尊重学生个性差异，教师、家长、社区群众共同参与的开心活动大舞台。"乐园"建设的目的是寓教于乐，增强校园活动的丰富性和吸引力，推动学生的全面、健康成长，促进新型的师生、亲子和校社关系的建立。

学校主动与海寿社区进行合作，借助南海区文化馆、九江镇文化站的资源，以学校大礼堂为排练基地，学校老师开发了面向社区群众的广场舞活动，利用晚上时间组织社区群众、学生开展舞蹈、合唱、诗歌朗诵、小品排练等艺术活动。目前，海寿广场舞蹈队、老年合唱队、诗歌小组已经成为小岛上的一道风景线，社区群众的参与热情不断高涨，海寿小学成了社区文化娱乐的"乐园"。海寿小学艺术教育的发展带动了整个海寿社区的精神文明建设。海寿小学、海寿社区经常主办或承办各种体艺活动，如一年一度的海寿村文艺晚会、环岛自行车大赛、环岛徒步活动、海寿诗歌朗诵会、海寿摄影展、海寿诗词创作大赛、海寿诗词朗诵大赛、海寿原创歌曲评选大赛等。学校发挥了引领社区精神文明的作用，师生在参与这些活动中既体现了自身价值，又获得了锻炼与成长。

此外，学校和海寿社区合作建成乡村少年宫活动中心，对本校学生、家长、社区群众、访岛游客免费开放。学校积极利用乡村少年宫活动中心开展校际交流，让学生学会与人交往，增强学生的自信心，带动学生进行社区体验活动，以德育教育为主题，寓教于乐，快乐学习，快乐成长，使学生的思想在活动中得到提升。近年来，学校乡村少年宫吸引了市内外多所兄弟学校、多家校外机构来参与实践活动，还承担了马来西亚等国家与地区青少年活动接待任务。目前，乡村少年宫已经成了区域综合实践活动样板基地。

（三）"花园"建设

"花园"建设是指以"绿色教育"为引领，借助九江镇开发海寿岛文旅产

业的东风，主动使海寿小学的校园环境融入海寿岛的自然和人文建设大环境，把学校建设成为自然环境淳朴、文化气息浓郁的生态"花园"。"花园"建设的目的是提升校园绿化、美化、静化的水平和校园的文化品位，增强对师生、家长和村民的熏陶功能，使海寿小学成为海寿岛的一道亮丽风景线。2017年，学校借助九江镇迎接广东省教育强镇第三次复评的契机，进行了场地改造，改善硬件设施设备。学校在海寿岛这个"大花园"的包围下，建设自己学校的"小花园"，打造"绿色教育"校园文化。结合"诗歌学校"的创建，学校把外围墙建设成了"诗歌墙"，学校其他的内外围墙全部由学生来动手，分别画上不同的图画。其中，有关于中国梦的，有关于孝德的，有关于热爱自然的，有关于现代文明的，还有关于学生作品的，各式各样，尽显学校环境的育人功能。

（四）"家园"建设

"家园"建设是指以"绿色教育"为引领，构建师生、干群、家校、社校和谐的人际关系，让校园充满人情味和归属感，把学校建设成为温馨的"家园"。"家园"建设的目的是营造有温度的校园氛围和社区人文环境，形成有利于促进学生成长的教育力、教师专业发展的内驱力和学校发展的协同力。

1. "家庭式管理"温暖着每一位教师的心

一所学校要发展关键在"人"。每个人都是一颗种子，种在不同的地方会结出不一样的果实。学校提出了"家庭式管理"的理念，确立了"以师为本"的用人理念和"坚忍诚谦"的教师团队核心价值观，遵循"困难共同克服，成果共同分享"的原则，在学校管理中融入"家"的情感，淡化教育功利，激发教师对教育工作的热情，钟情于自己的事业追求，营造了团结和谐、健康向上的教师团队氛围。

2. 近距离的守护和教导密切了师生情感

海寿小学规模小，班额不大，交往距离短，有利于提高师生接触和交往的频率。老师们每天护送学生上学、放学，十多年如一日，风雨不改，坚守着这所小岛学校。教师、学生把学校当成自己的"家"，教师与学生们互视为"家人"，大家相亲相爱，师生关系十分友好，相处和谐。

3. 师生积极参与社区各项活动

学校是海寿岛的有机构成部分，海寿岛就是每一位师生的家园。教师做到及时与家长沟通，常态化开展家访活动，对学生关怀备至，指导家长配合学校的工作，从而赢家长的信任和赞许。学校为了引领海寿岛的精神文明建设，主动联系社区，推动各项工作，参与各项活动。学校逐渐成为社区的文化活动中心，成了小岛群众的文化支撑和精神寄托，提升了海寿社区精神文明建设的水平。正因为如此，学校的工作也得到了社区的大力支持，形成了校社"四园"协同绿色发展的良好局面。

第三节　新建学校：特色立校

作为人口的导入区，南海的优质教育资源供不应求。今年，南海新建了一批学校。这批新建学校在特色建设中往往具有较高的起点，它们可以充分借鉴南海先发学校特色创建的经验和成果，进行创造性的模仿，凭借新建校的后发优势，实现学校的高位跃迁式发展。本节以石门高级中学、南海外国语学校、绿欣小学为例，展示新建学校在特色学校创建中的实践经验。

石门高级中学
用科技教育成就多彩梦想

石门高级中学（以下简称"石门高中"）创办于2003年，作为与广东名校石门中学共享石门品牌的区属公办高中，高考成绩连年享誉南海，是佛山市唯一一所连续荣膺"广东省青少年科学教育特色学校"称号的学校。

学校师资力量雄厚，现有佛山市名校长、南海区高级校长1人，教育部中央电化教育馆专家指导委员会委员1人，区级以上学科带头人、骨干教师50人。2013年11月30日，在十周年校庆之际，中共中央委员、广东省原省长黄华华先生亲笔题词："培育英才，桃李芬芳。"充分肯定了学校的办学业绩。

作为南海区新办的普通高中，石门高级中学是如何实现"低进高出"的高考奇迹的？学校办学又是如何在短短十年内获得高度认可的呢？

在办学之初，面临生源、师资等方面的重重困难，学校亟须寻找到一个走出困境的突破口。学校经过反复研讨论证，在结合国家战略需求、学校区位、学校发展需求和学生发展需求后，最终定位于"科技教育"，期望以此实现学校跨越式发展。

首先，国家提出"科教兴国"战略，注重科技知识的普及和科技人才的培养，而以新课程改革为主导的教育改革则提供了良好的契机。其次，学校地处广东第一大镇——狮山镇，镇内云集高新技术企业，且毗邻南海大学城，拥有众多高校资源，这为学校发展科技教育提供了得天独厚的环境支持。再次，科学素养和创新能力是国民素质的重要组成，从学生发展角度看，科技教育可以强化学生的逻辑思维能力，培养学生的科学精神、创造能力和创新精神。最后，由于学校是新建高中，学校场室和设施设备相对较为先进，在师资培养和引进上更具灵活性，这为发展科技教育提供了重要保障。学校基于对自身的分析，加上上级领导和政策的支持，在2005年选定了以"科技教育"作为学校特色发展的突破口。

在打造"科技教育"的路上，石门高中经历了三个阶段，实现了科教版本的逐步升级：第一阶段是科教1.0版本，即探索了"学科+科技教育模式"，主要依托各学科开展科技教育相关活动，以研究性学习的形式，挖掘各学科的科技教育元素，实现科学素养的普及；第二阶段是科教2.0版本，即"STEM+科技教育模式"，主要采用项目学习的形式解决现实情境的问题，实现学生跨学科解决实际问题的能力；第三阶段是科教3.0版本，即"AI+科技教育模式"，主要是以人工智能为核心开展科技教育，实现人工智能人才早期培养。

一、潜心钻研，创新科技教育模式

在发展科技教育的过程中，学校坚持结合学生的个性发展需要。在多年的实践中，学校总结出了符合本校校情的科技教育模式，从机制、内容、方法和途径上进行了创新。

（一）机制上实行"科学院"制

2005年，学校成立"学生科学院"，将培养学生的创新精神、实践能力和终身学习的能力以及适应社会生活的能力的任务交给学生自己，把学习与运用科学文化知识的主动权交给学生，由学生自行设计、组织和实施科学实践和科学研究，学校日常科普工作主要由"学生科学院"组织开展。

（二）内容上实施"学科+科技"模式

依据新课程标准，力求科技教育与学科教育实现无缝对接，在学科教学中渗透科技创新意识，在科技教育活动中拓展学科知识，以实现"做中知学，学以致用"（见图5-3-1）。

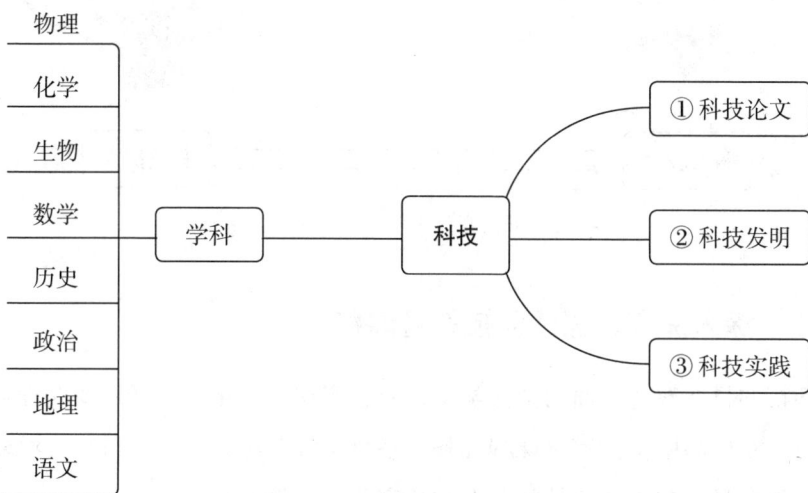

图5-3-1　石门高级中学"学科+科技"模式

（三）方法上突出以学生为主体

在课堂教学中以学生为主体，以培养学生的自主意识、创新意识作为改革学科教学的重要抓手，渗透创新教育，提高学生的创新能力和实践动手能力。

（四）途径上实行"双轨制"

一是面向全体学生开展科普教育，普及科学知识，宣扬科学精神，培养学生的科学素养；二是面向有特长的学生开展科技探究活动，满足学生个性化的发展需求（见图5-3-2）。

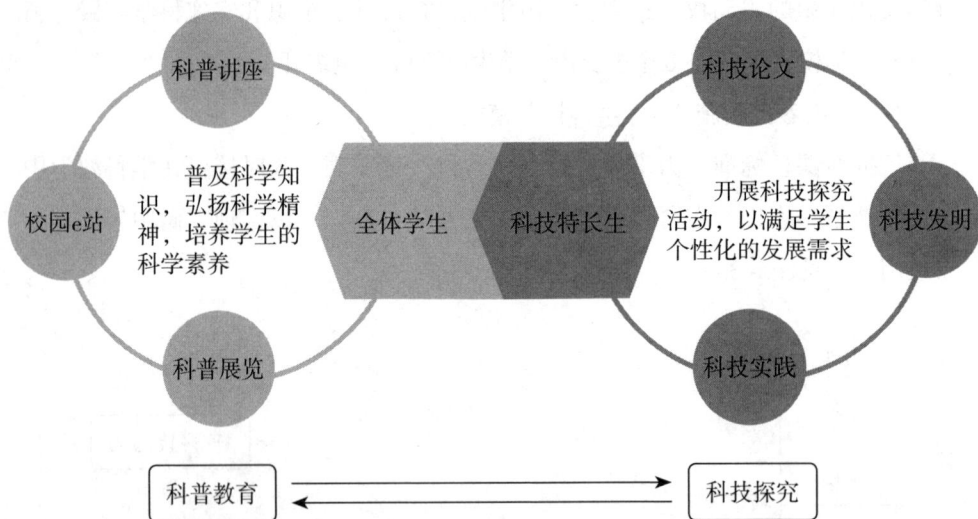

图5-3-2　石门高级中学"双轨制"实施路径

二、深入探究，搭建科技教育课程

　　学校的科技教育要面向全体学生，要想实现普及化，就必须要课程化。在课程上，石门高中坚持完善课程套餐，整合课程资源。学生在科技方面取得的优异成绩和学校完善的科技特色课程是密不可分的。在科技教育上，学校按政策规定开足课程。国家课程、地方课程实施有深度，课堂教学深化改革；创建完备的校本课程体系的措施得力，既有全员参与的特色课程，又有个性化、可供选择的多样化科技特色品牌课程，制定一套行之有效的校本课程管理办法。目前，学校课程分为主题套餐、精品套餐、专业套餐三类。主题套餐主要以数、理、化、生等学科内容为主题，面向全体学生，以培养学生的科学素养；精品套餐主要以机器人、创客、创新设计等精品项目为内容，面向有个性化特长需求的学生，重在培养学生的创新实践能力；专业套餐是要参与高校的专业课题研究、开设大学先修课程等，目的在于加强与高校的对接，引导学生进行生涯规划（见图5-3-3）。

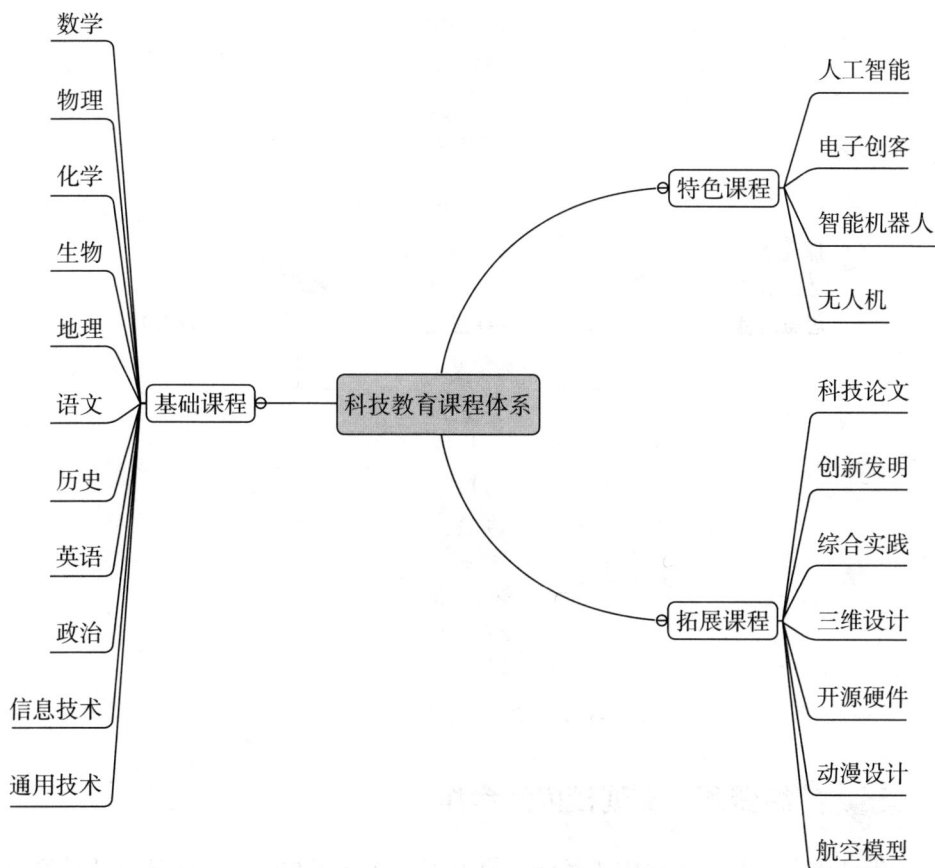

图5-3-3　石门高级中学科技教育课程体系

　　为了推动科技教育课程落地，学校研发了结合STEM理念的5EX设计模型，共分（EQ、EM、ET、EC、ER）五个阶段：阶段一：进入情境提出问题（EQ：Enter and Questions）；阶段二：科学探究学习与数学应用活动（EM:Exploation and Mathematics），进入小组个性作品设计阶段；阶段三：工程设计与技术制作活动（ET:Engineering and Technology）；阶段四：知识扩展与创意设计（EC:Expansion and Creativity）；阶段五：多元评价与学习反思（ER:Evaluation and Reflection）（见图5-3-4）。

进入情境
提出问题
问题驱动

EQ

探究学习　　　　　　知识拓展　　　　　　　　工程设计
数学应用　　　　　　创意设计　　　　　　　　技术制作
思维培养　**EM**　**创新尝试**　**ET**　**问题驱动**

EC

ER

多元评价
学习反思
检测效果

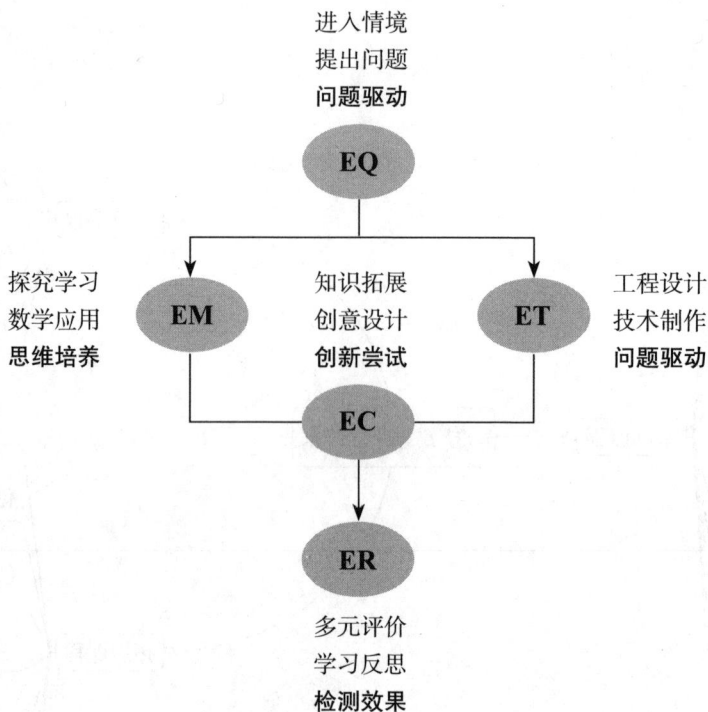

图5-3-4　STEM的5EX设计模型图

三、广纳资源，实现校内外合作

学校创办之初由于局限于关注自身发展，忽略了与学校外部的联结，形成了学校特色脱离外部、外部孤立学校的局面，导致学校特色发展脱离社会文化母体，失去社会资源支持。在借鉴了学校特色发展的若干案例后，石山高中认识到，成功的特色学校创建应当依托校外的资源，科技教育不能仅仅局限于校园内，而是要走出校园，走进社会。因此，学校积极主动加强与校外的交往和合作，开发对学校有利的校外科技教育资源，建立一批科技教育基地。同时，为了培养适应时代发展需求的拔尖创新人才，学校牵手知名高校，创建了培养拔尖创新人才基地，如同中山大学、北京科技大学、兰州大学等重点高校签署人才培养合作协议，建立优秀生源基地；同广东工业大学数控研究院、五邑大学签署了人才培养合作协议。

教师队伍是石门高中发展科技教育的重要优势，这得益于学校一贯重视教师队伍的内部培养与外部引进，学校较早就成立了"教师发展专业协会"和"石门高级中学科技创新科组"，注重加强教师业务能力的提高培训，探究高效课堂，开展名师工程建设。柔性引进科技名师，这大大有利于优质教育资源的合理流动，促进教育公平，有利于优质教育资源的充分利用，扩大名师效益，提升科技教育质量。

四、躬身耕耘，科技教育结硕果

（一）让学校发展

学校在科技与人文并举的办学思路的指引下，发展成为首批"全国300所特色高中培育学校"，在省内享有较高声誉，先后被中华人民共和国科学技术部、中共中央宣传部、中国科学技术协会联合授予"全国科普教育先进单位"（当时全国只有两所学校获此殊荣，另一所为天津中学）；被广东科学技术协会、广东省教育厅和广东省科学技术厅联合授予"广东省青少年科学教育特色学校"（2010—2014、2015—2019、2020—2014）（佛山市唯一一所连续三次荣膺此荣誉的学校）、"科普中国校园e站建设单位"和"广东省科技教育优秀组织单位"等荣誉称号；2013—2020年连续七年被佛山市科学技术协会授予科技教育"佛山市十强学校"荣誉称号；2015—2020年连续六年被佛山市南海区人民政府授予"科技工作先进单位"荣誉称号；2018年被南海区教育局授予"特色品牌学校培育单位"；2017—2018年连续两次荣获"南商教育基金突出贡献奖"。

（二）让教师成名

首届佛山市名校长1人，教育部中央电化教育馆专家指导委员会委员1人，全国中小学电脑制作活动专家顾问组专家1人，"全国十佳优秀科技教师"1人，正高级教师1人，南粤优秀教师4人，"省科技教育优秀组织工作者"3人，"省市级优秀科技辅导教师"9人，佛山市名师4人，区级以上学科带头人、骨干教师6人。近3年来，科技教育教学成果丰富，获省、市级教学技能比赛一等奖以上6项，公开出版科技教育类著作3部，教师科技论文获奖27篇，发表19篇，主持省级以上科创类科研课题5项，2人参编的粤教版高中信息技术教材，经国家教材委员会专家委员会审核通过，被全国多省市使用，编纂校本课程7

套，让一批青年科技教师在课程开发、项目实施、课题研究、模式推广等方面得到快速成长。

（三）让学生成才

石门高级中学学生参加科技教育普及率达100%，96%爱动手，93%有创意，90%加入科技社团，87%参与到项目制作，53%加入"学生科学院"。学生获奖共884人次（其中国际奖161人次，国内奖723人次），制作科技作品达543项。近3年来，石门高级中学在科技类竞赛方面，取得了优异成绩，共获得国际级竞赛奖项12项，其中硅谷国际发明节金奖2项，纽伦堡国际发明展金奖2项，机器人世界冠军5项、亚军2项、季军1项；国家级41项，其中全国一等奖21项、二等奖12项、三等奖8项。市级竞赛共70项，其中一等奖41项、二等奖16项、三等奖13项。学校机器人代表队经过层层选拔，最终代表中国参加国际机器人大赛，2018年更是夺得代表全场最高荣誉的总冠军杯（见图5-3-5），这是时隔十年来第二次由中国队获得（第一次由上海建平中学获得）。学校特色办学让一大批学生进入清华大学、中国人民大学、浙江大学、复旦大学、康奈尔大学、伊利诺伊大学等国内外知名高校深造。2019年，石门高级中学学生在第二届美国硅谷国际发明节斩获国际金奖（见图5-3-6）。

图5-3-5　石门高级中学师生在2018年国际机器人灭火比赛中夺冠

图5-3-6　2019年石门高级中学学生在第二届美国硅谷国际发明节斩获国际金奖

（四）辐射影响广

由于学校突出的办学业绩，受到多方关注，中央电视台、广东电视台、佛山电视台、《南方日报》《珠江时报》《佛山日报》等十多家主流媒体对学校进行报道，影响及辐射范围超出了珠三角地区。时任教育部中央电化教育馆副馆长的王晓芜认为，学校在特色办学之路上真正做到了既面向全体学生进行普及，又能关注到学生的个性化发展。

南海外国语学校
一所新建学校的跨越式发展之路

南海外国语学校（以下简称"南外"）创办于2014年9月，短短6年时间，学校已经成长为教师幸福、学生快乐、家长满意、社会赞誉的素质教育标杆学校，学校成为佛山市三所名校之一，学生人数从700人跃升到6000多人，迅速成为一所"高位跃进"的广佛名校。

一、他山之石，可以攻玉：借力名校，嫁接发展

2014年9月，南海外国语学校建校伊始，校长引入南海实验中学办学经验，并在此基础上，系统构建了南外的办学理念。具体而言：

在办学理念上，把南海实验中学的办学理念"为学生的终身幸福奠基"提升为"让每一个孩子幸福成长"，强调教育的主体是人，追求幸福的人生是人的本质需要，教育不仅要为孩子的未来生活储备幸福，也要关注孩子当下的生活品质，这是理想教育的底色，也是学校最根本的教育理想。

在教育实践上，把在南海实验中学推行的"六个一"工程提升为"新六艺"教育（见图5-3-7）：

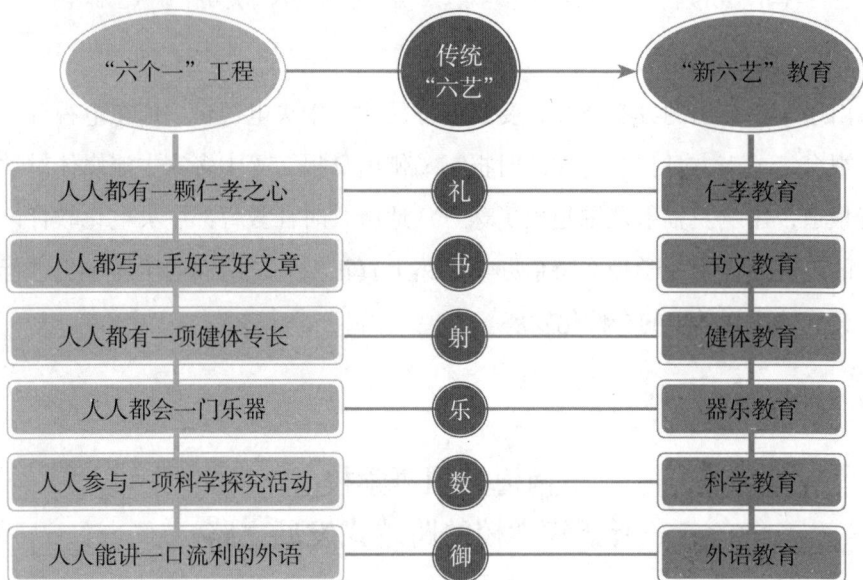

图5-3-7　"新六艺"教育架构图

2009年，在佛山市南海区特色学校创建中，提出"六个一"工程；2011年，在申请南海区义务教育阶段学校"特色学校创建"竞争性分配资金项目中，建构了完善的"六个一"工程方案。2011年11月开始，在南海实验中学全面实施"三面向"（面向人人、面向基础、面向整体）的青少年素质教育落地的操作体系——"六个一"工程。2014年12月，黄新古校长把传统"六艺"教

育与"六个一"工程结合起来，提出"新六艺"教育，建构基于学生全面发展、基于落实立德树人根本任务的素质教育模式。2015年4月，在教育部首期中小学名校长领航班启动仪式上，提出并汇报了"新六艺"教育方案（见图5-3-8）。

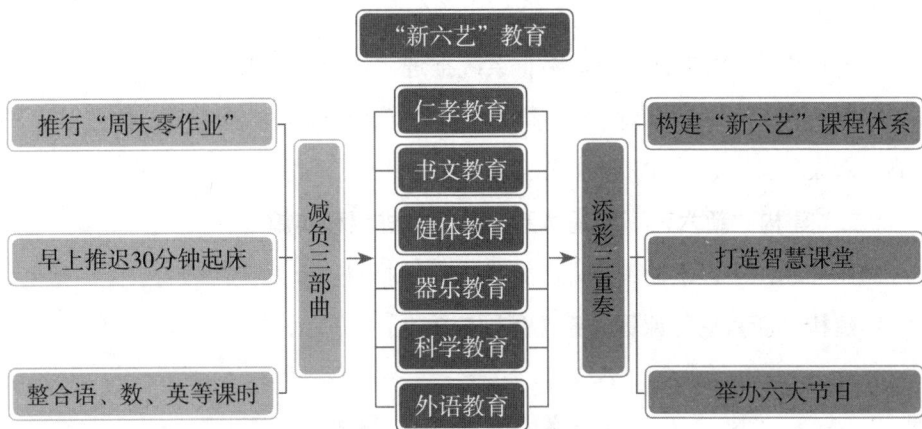

图5-3-8 "新六艺"教育方案图

"新六艺"教育是以马克思主义关于人的全面发展学说为依据，全面贯彻党的教育方针，落实立德树人根本任务，在继承、创新中华优秀传统文化"六艺"教育的基础上，通过对学生进行仁孝、书文、健体、器乐、科学、外语教育，实现"五育并举"，把学生培养成为德智体美劳全面发展的社会主义建设者和接班人。

"新六艺"教育的核心是人人"六个一"，即人人都有一颗仁孝之心、人人能写一手好字好文章、人人都有一项健体专长、人人都会一门乐器、人人参与一项科学探究活动、人人能讲一口流利的外语。一生二、二生三、三生万物，每个"一"都生生不息。

二、新蓝图绘就新南外：因地制宜，系统推进

2014—2020年，"新六艺"教育紧紧围绕"让每一个孩子幸福成长"的办学理念，以"学生发展"为中心，不断推进教育实践。

首先开展教育"减负"行动：一是实行"周末零作业"，让学生从繁重的作业堆里解放出来，把周末的时间、空间还给学生，给他们留下了解社会的时

间、独立思考的时间、动手实践的时间；二是早上推迟30分钟起床，让孩子们因为每天多睡了30分钟而精力更加充沛；三是整合语、数、英等必修课时。

教育"减负"为素质教育赢得了时间和空间，学校开始全面实施"新六艺"教育。

（一）以"六大节日"为抓手，系统推进"六个一"工程

2014—2016年，学校举办仁孝节、书文节、健体节、器乐节、体艺节、外语节"六大节日"，让"六个一"工程落地。

（二）建构"新六艺"课程体系，系统推进课程实施

2016—2020年，学校围绕课程开发，系统推进"新六艺"教育。

1. 建构"新六艺"课程体系（见图5-3-9）

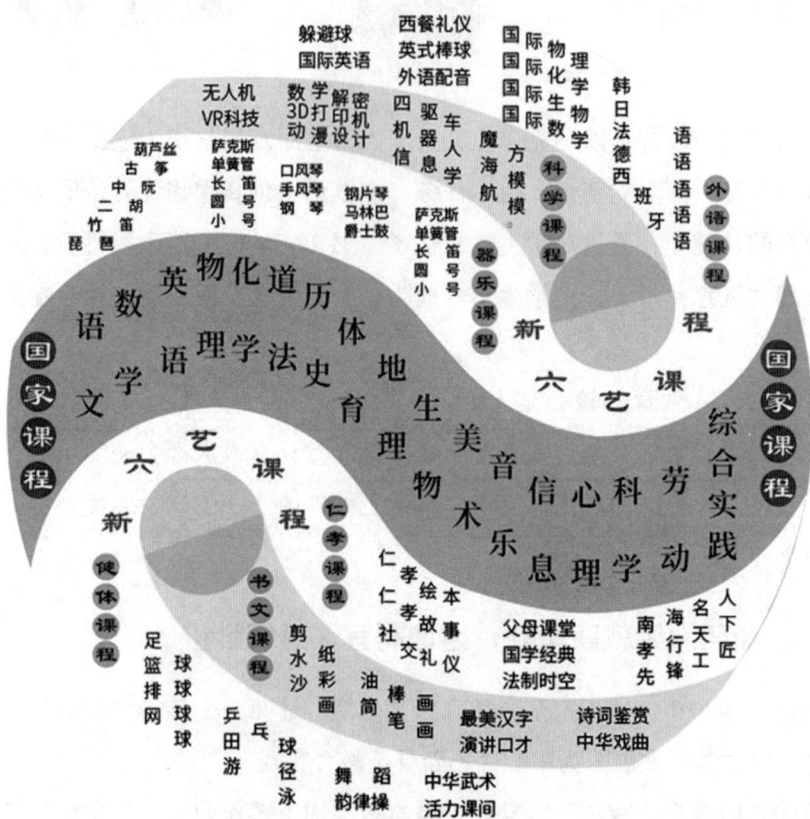

图5-3-9 "新六艺"课程体系

"新六艺"课程是在开足开齐国家课程的基础上，开设的校本课程，包括仁孝课程、书文课程、健体课程、器乐课程、科学课程、外语课程。开设了先锋工匠、活力课间、中华戏曲、武术操、合唱、古筝、书法、信息学、第二外语（德语、法语、西班牙语、日语、韩语）等五十多项校本精品课程。

2. 编写"新六艺"校本读本

南海外国语学校"新六艺"校本读本开发（见表5-3-1）。

表5-3-1 南海外国语学校"新六艺"校本读本开发一览表

校本课程类型	校本读本
仁孝课程	《仁孝读本》 《生命花开》 《南海名人》 《大爱无垠》
书文课程	《中华戏曲》 《翰墨飘香》
健体课程	《活力课间》
器乐课程	《乐韵悠扬》
科学课程	《科学奥秘》 《物理探秘》 《数学解密》
外语课程	《外语配音》

3. 推进"新六艺"课程实施

学校打造"智慧课堂"，推进国家课程和校本课程（"新六艺"课程）实施。

"智慧课堂"是通过开发智能环境，培养学生高阶思维，集价值、能力、实践、方法取向于一体，实现师生共建、共生、共享、共同创造幸福和实现生命价值的课堂。

在学校"智慧课堂"的基础上，各科组结合学科特色，把学科特色和"智慧课堂"特质融于一体，形成了具有科组学科特色的课堂形态（见图5-3-10）。

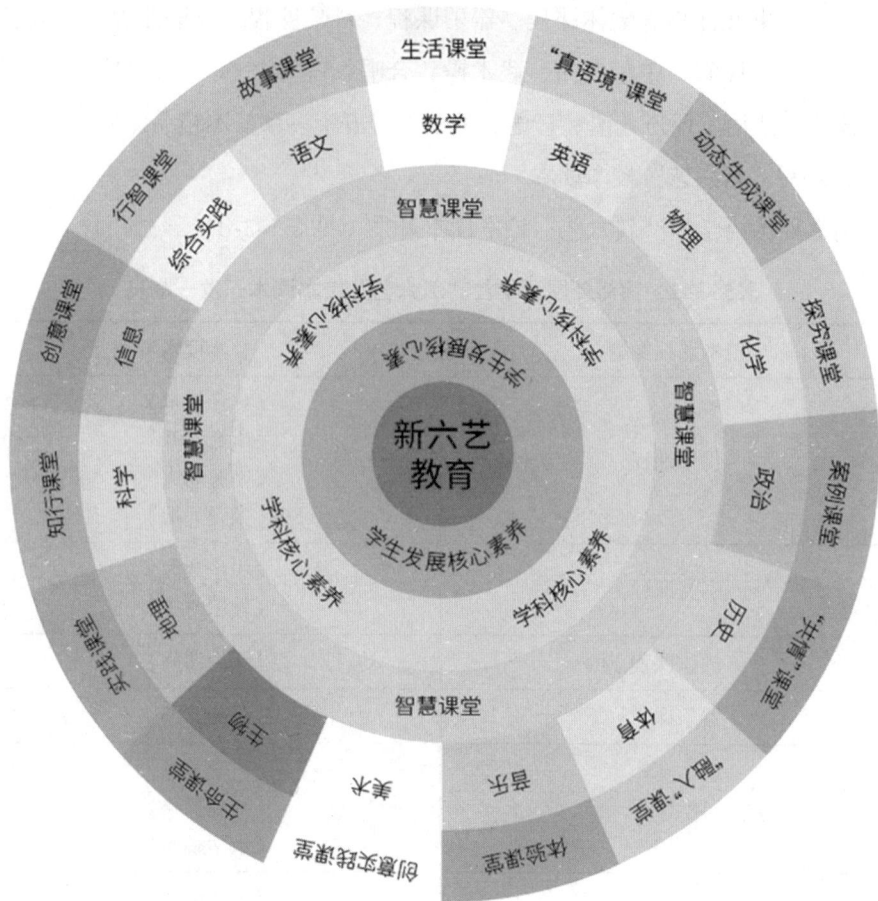

图5-3-10 "新六艺"教育各学科特色课堂

4. 完善"新六艺"课程评价

"新六艺"课程评价改变了单一学业评价方式，实现评价方式多样化。具体表现为：从终结性评价走向过程性评价；从知识性评价走向多元性评价、表现性评价；从单一的某方面评价走向综合素质评价。"新六艺"课程评价体系（见表5-3-2）。

表5-3-2 "新六艺"课程评价体系一览表

六大领域	一级指标	二级指标	观测点	分值
仁孝课程	德行礼仪	爱己爱家爱校爱国	①相关课程成绩（含竞赛成绩、德育等级等）；②在家、校、社会上的仁孝行为；③积极参加爱心义卖或义工活动，每学期1次以上；④仁孝节活动表现；⑤"仁孝之星"评选结果	共20分；每个观测点4分
书文课程	写字阅读写作	好字好文好阅读习惯	①相关课程成绩；②相关竞赛成绩；③课外阅读书目和数量、撰写读书笔记质量；④书文节活动表现；⑤"阅读之星"评比结果	共15分；每个观测点3分
健体课程	体质体能	身体健康锻炼习惯体育精神	①体育学科学习成绩；②体育竞赛成绩；③《国家学生体质健康标准》达标测试成绩；④肺活量变化表；⑤健体专长；⑥体艺节活动表现；⑦"健体之星"评比结果	共20分；1～6每个观测点3分；第7个观测点2分
器乐课程	审美情趣艺术表达	欣赏美表现美创造美	①相关课程成绩；②相关竞赛成绩；③器乐专长与演奏水平（掌握1项以上艺术特长）；④器乐节活动表现；⑤"器乐之星"评比结果	共15分；每个观测点3分
科学课程	劳动创新	劳动习惯科学实验发明创造	①相关课程成绩；②相关竞赛成绩；③参加家务劳动（每周1次以上）与公益劳动（每学期1次以上）；④科技节活动表现；⑤"科技之星"评比结果	共20分；每个观测点4分
外语课程	视野共同体意识	外语能力国际交流国际理解	①英语课程成绩；②相关竞赛成绩（含口语等级、第二外语考级评价等）；③参与国际文化交流活动情况；④外语节活动表现；⑤"外语之星"评比结果	共10分；每个观测点2分

5. 构建了义务教育阶段学校素质教育的运作机制

通过构建科学合理的运行机制，保证"新六艺"教育有序有效持久地进行。具体内容包括：

（1）与教育行政部门有效联动的运作机制。学校紧跟区域教育发展战略，抓住南海区"特色学校创建"分配资金竞争的机遇，大力发展学校特色。在区教育部门的支持下，提出并完善了从"六个一"工程到"新六艺"教育的实践。

（2）内外部协调运行的制度。建立学生、教师激励机制，完善家校合作机制，形成多方参与的有效课程开发机制（见图5-3-11）。

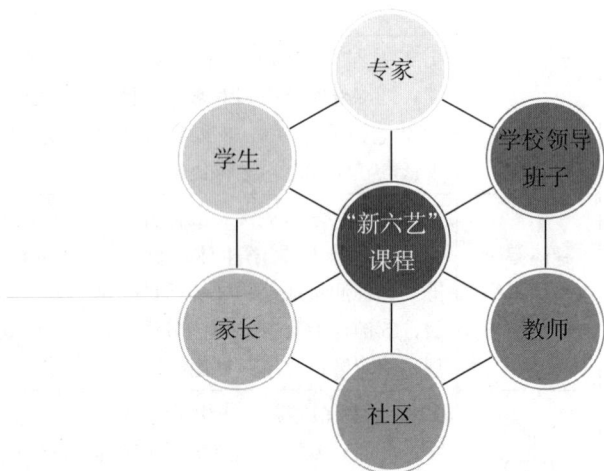

图5-3-11　"新六艺"课程开发参与群体图

（3）资源保障机制。①师资保障。学校现有全国名校长工作室及省、区名师工作室4个，有近400名专任教师，有正高级教师、特级教师及一批各学科骨干教师、学科带头人，从北京师范大学、东北师范大学等高校引进师资，从英国、美国、澳大利亚知名大学引进外教，从星海音乐学院引进音乐特长教师。②设施保障。学校共有116个教学班，配有物理室、化学室、生物室、美术室、音乐室、舞蹈室、机器人室、阅览室等专业教室，并配有26个钢琴房，以及大型体育馆等活动场所，场室配备齐全。③资金保障。学校有充足的资金支持"新六艺"教育的实施。

（4）九年一贯制下的各阶段教育衔接制度。建立"智慧课堂"体验制度，实现幼小衔接；建立开放日制度，实现小初衔接；建立生涯规划制度，实现初高衔接。

三、南外现象：从"新生儿"到"生力军"

在"新六艺"教育理念的牵引下，南海外国语学校办学质量和知名度迅速提高，赢得了良好的社会声誉。学校办校5年期间，办学成绩显著，学生人数从不到300人跃升到5000人，成为当地最受欢迎的名校之一。

（一）赋能学生，综合素质不断提升

学生连续5年参加南海区综合能力大赛获一等奖。学生竞赛成绩突出，2013年至今共获区级以上奖励5087项，获国家级奖励729项。多专多能优秀学生辈出。杨宇辰同学获清华北大信息学夏令营一等奖。2019年，在广东省信息学代表队选拔赛中，我校优秀毕业生苏畅同学在激烈的竞争中脱颖而出，以全省第二名的优异成绩入选广东省信息学代表队。学校毕业生遍布清华大学、北京大学、（中国）香港大学、哈佛大学、耶鲁大学、牛津大学、剑桥大学等国内外名校。

（二）成就教师，专业素养不断提高

学校现有全国名校长工作室及省、区名师工作室4个。先后为其他学校输送8位正校长。教师在《中国教育报》《江苏教育》《中小学德育》等刊物发表文章近百篇，先后申报、主持国家级、省市区级课题近50项，出版专著4部。培养出全国名校长、名师28人，校长入选教育部首期"中小学名校长领航班"，获"全国教育系统先进工作者""马云乡村教育校长委员会委员"等荣誉。教师在各级各类比赛中获奖785项，其中获国家级奖项112项。

（三）铸就品牌，辐射影响不断扩大

"新六艺"办学成果引起了社会的广泛关注。学校先后接待各级各类学校和社会各界人士到校参观访问50多次，超5000人。曾到清华大学、国家教育行政学院、全国名校长高级研修班、北京教育学院等举办的活动中交流"新六艺"教育20余次。先后与美国、英国、日本、德国、澳大利亚、加拿大、以色列、新加坡、新西兰9个国家和地区展开交流。

学校特色办学经验在全国各地共29所学校进行推广应用。学校与广东省云浮市郁南县建城镇东二小学建立结对帮扶关系，先后12次前往东二小学推行

"新六艺"教育，以器乐教育为突破口，激发学生奋进的志趣。目前，该小学成为郁南县唯一一所艺术特长学校，该校学生参加南海外国语学校举办的第四、五届器乐节及2018年中小学名校长专业发展高级研修活动"新六艺"展演。"新六艺"教育为助推地区教育公平提供了"扶志"范例。2019年1月，广东少儿频道以影片《口风琴打开了他们的世界》对此进行报道，该影片成为"全省中小学爱国主义教育影片"。

《人民教育》《中国教育报》《广东教育》等教育刊物对新六艺教育进行了系统报道；《广州日报》《珠江时报》《南方日报》、广东少儿频道、凤凰网、南方+、佛山电视台等主流媒体对成果进行了广泛宣传。

绿欣小学
勇立潮头，开政企合作公办学校的新模式

绿欣小学创办于2016年，是佛山市第一所由企业出资承建，无偿移交政府办学的公办小学。学校由开发商负责基础建设，由区、镇教育局进行管理规划和统筹设计，学校从硬件到内涵都按高起点规划、高标准建设、高水平打造，实现学校从诞生即优质的目标。这种办学模式能在优质地段直接解决优质学位紧缺问题，同时优质教育资源反哺城市区域价值的提升。教育部原副部长朱之文称赞它创新的办学模式具有典型辐射引领作用，对城市发展和教育配套具有深远的意义。

一、立足需求，靶向定位办学特色

科学定位是学校整体规划、办出特色的前提。新建学校往往与区域发展之间存在一种互动关系。一方面，区域经济和社会发展对新建学校的发展提出更高的要求；另一方面，新建学校对促进区域经济和社会发展具有反哺和推动作用。因此，新建学校应该把办学定位与区域经济社会发展有机结合起来，这是办学特色形成的前提。

绿欣小学所处的南海区里水镇毗邻广州，是全国环境优美乡镇、广东省教育强镇、广东省绿色名镇、广东省文明镇。在城镇发展过程中，里水镇城镇化建设实现了从品质向品牌的升级转变，着力建设绿色脉动、健康机体的绿色健康小镇，并不断凸显出"广佛后花园"的地位。基于优越的地理位置及城镇化发展，里水吸引了大量来自广州等区域的人口，加大了对优质教育资源的需求量。与此同时，周边社区与新建楼盘的发展也对优质学位供给、学校发展提出更高的要求。因此，绿欣小学从筹办之初便承载着为里水教育乃至南海教育打开新格局的期望，肩负着以里水探索城市发展和教育发展新模式的重大任务。

基于对区域以及社区发展需求的战略分析，里水教育局组织专家团队对绿欣小学的办学定位以及办学理念进行顶层设计。团队以"绿"为起点，结合里水"上善若水"的绿色健康的教育目标，因地制宜，提出"绿色校园、品质教育、持续发展"的"绿品教育"办学理念，以此统筹学校课程、课堂、校园文化等特色项目建设。此外，政府对学校创建高度重视，给予高度支持：一是学校领导班子选优配强，选派名校长杜碧嫦同志任创校校长、市名师张洁萍为副校长；二是借力区内优质资源，聘请专家指导开发校本课程；三是加大资金投入，落实保障，打造绿色校园。

二、系统打造，构建"绿品教育"办学体系

学校用"绿品教育"理念引领自身发展，融科学教育与人文教育于一体，系统构建学校办学体系，促进学校特色有效发展。

（一）构建"绿品教育"理念体系

以中外对"绿色教育"的综述为基础，选取"绿品教育"为办学特色的背景及意义，对"绿品教育"进行科学合理定位，深入挖掘其内涵，形成学校的育人目标和"一训三风"。根据《中国学生发展核心素养》所提出的以科学性、时代性和民族性为基本原则，以培养"全面发展的人"为核心，形成"上善若水，绿地为基，让孩子拥有健康快乐的童年"的育人目标，其包含"身心健康""学有所长""品雅志高"三个维度，遵循学生身心成长的规律，满足学生个性化的学习和发展需求，让学生身心健康地快乐生活（见图5-3-12）。

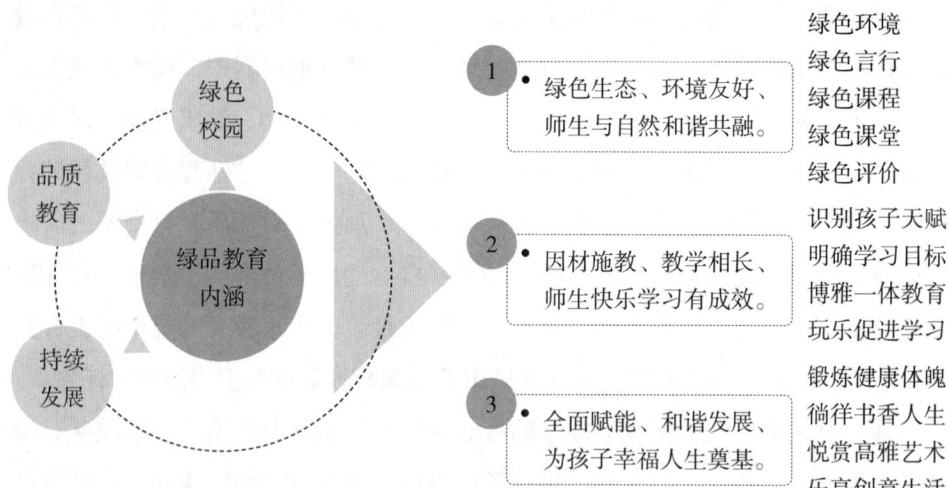

	绿色环境
① 绿色生态、环境友好、师生与自然和谐共融。	绿色言行 绿色课程 绿色课堂 绿色评价
② 因材施教、教学相长、师生快乐学习有成效。	识别孩子天赋 明确学习目标 博雅一体教育 玩乐促进学习
③ 全面赋能、和谐发展、为孩子幸福人生奠基。	锻炼健康体魄 徜徉书香人生 悦赏高雅艺术 乐享创意生活

图5-3-12　绿品教育内涵

（二）构建绿色校园环境体系

全面整合各种教育资源，科学规划校园环境，凸显环境管理文化的隐形教育功能。学校将"绿品教育"的办学理念融进一砖一瓦，设计校徽、雕塑、吉祥物等"绿品教育"标志，并在学校主要场所种植不同的树木，将育人期望与树木相结合，如樟树大道寓意"十年树木，百年树人"，楹树大道寓意教育有温度、指向幸福，秋枫大道寓意学校师生坚韧不拔；在教学楼分层分区建设绿色艺术长廊、绿色书香内庭、绿色课室、绿色走廊、绿色教学功能室等，打造优美的校园环境，从而营造绿色校园环境。学校从"人"的角度进行学校的全面管理，牢固树立"管理即文化"的管理思想，在管理中关注人文关怀，实施"绿色人文"管理模式，使管理人员心中有教师，教师心中有学生，促进管理体系的有效运行。学校细化"绿品"制度文化，坚持"德育为本，育人为先"的德育理念，建立"绿色德育"工作体系，造平安和谐校园、生态校园、文明校园，营造自主、创新、和谐的德育氛围；铺设教师绿色专业成长之路，确立了"二三二"，即"两主线、三层次、两促进"的培训思想。"两主线"即管理与业务并行；"三层次"即行政、中层干部、教师三个层次全面发展；"两促进"就是促进教师人格与专业两个成长。在研训中提升教师学习力，让学习成为常态；提升教师专业能力，让专业推动变革，提升执行力，让行事程序更规范；提升反思力，让重建助力创新；提升教师创造力，让成长空间更宽阔（见图5-3-13）。

图5-3-13　绿欣小学校园环境图

（三）构建"143绿品课堂"模式

培育教育品牌，以提高教学质量为轴心，以学习策略研究为突破口，加强课程领导力和执行力，加强教学常规管理，加强教研组建设，努力构建绿品高效课堂，提高各科教学质量。研究"绿色课堂"模式，把"绿色教育"理念融进课堂教学中，让课堂更高效，充分体现学生的主体地位，主动进行探究，使学生感受到学习是人生最快乐的游戏。采用"143"的课堂模式打造"绿色课堂"，在教学中坚持"以学生为中心"为引领，充分体现学与教中学生的主体地位和教师的主导地位，以四个教学环节"导—探—展—测"，充分发挥学生获取知识的主动性，每节课有"三得"，即习得知识、提升能力、培养习惯（见图5-3-14）。

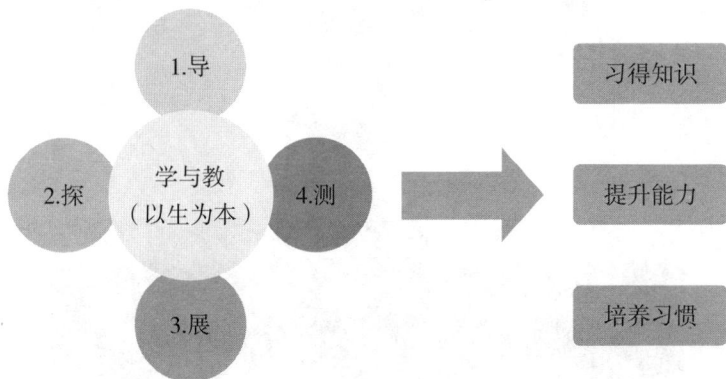

图5-3-14　绿欣小学"绿品课堂"模式

两年的教学实践凸显了"143绿品课堂"显著的教学成果：在2017学年中，英语雪地阅读比赛四年级获得全镇第二名，三年级获得冠军；第九届南海区小学生英语口语素养交流展示活动获一等奖；2019学年获南海区中小学生语文、英语教育阅读素养培养先进单位一等奖。

（四）开发"绿品"五大校本课程

《基础教育课程改革纲要试行》的精神，顺应现代教育教学发展趋势，根据"绿色教育"的理念、小学生成长的规律，塑造了"绿品教育——幸福树"的模型，利用"A-D-D-I-E"模式，开发由运动课程、艺术课程、阅读课程、创意课程、生活课程五大板块组成的"I-star"课程。这五大课程将是对国家课程的补充与延伸，它与国家课程有机融合，促进学生的全面发展，满足个性化的学习、发展需求，为学生的学习能力与人际发展奠定基础（见图5-3-15）。

图5-3-15　I-star校本课程体系

在"绿品课程"之下创建"绿品社团"。学校组建了"绿茵小巨星"足球社团、"绿精灵"合唱团、"绿旋风"男子舞蹈团等28个社团。将社团课程分为两类：一类是周五的走班制社团课程，全员参与，全校学生根据自己的爱好，通过软件和父母商议选择自己喜欢的课程；另一类是竞赛型社团课程。经过3年的实践，四大特色社团已成学校名片："绿精灵"合唱团斩获南海区镇第二届合唱节金奖；"绿旋风"男子舞蹈团喜获"南海区中小学艺术展演"金奖、佛山市一等奖；"心语心愿"社团勇夺佛山市红领巾文化节活动之"心理剧演起来"展示活动特等奖；"绿茵小巨星"足球社团勇夺镇、区级冠军，市级亚军。2018年，学校被评为"广东省校园足球推广学校"，2019年被评为"全国青少年校园足球特色学校"（见图5-3-16）。

图5-3-16　绿欣小学社团展影

三、初露头角，"绿品教育"显成效

一路走来，在全校师生的共同努力下，绿欣小学获得"南海区先进集体""南海区雏鹰红旗中队"等荣誉称号，原校长杜碧嫦获评里水镇首届"上善教育节"善治楷模，2020年12月，学校承担广东省三区校长省级培训项目，其中张洁萍校长进行《校长办学思想研讨》讲座，陈赛芬、邓倩茹老师为校长们展示课例，均受到很高评价，"绿品教育"让广东看见。教师在市区各专业比赛中崭露头角，13名教师参加镇赛，9人获得特等奖，8人代表镇参加区赛，1人获特等奖，5人获一等奖，2人获二等奖；1人代表区参加市赛，获得"十大教学能手"称号。王洪亮参加体育教学素养大赛，获得广东省第二名。学生学业素养得以提高，五、六年级参加里水镇学业水平测试，综合成绩位居全镇第二。

6

成效与反思

第一节　以特色学校建设推进区域基础教育优质均衡的南海成效

通过特色学校建设，南海教育在学校发展、区域教育发展、扩大对外影响力方面均取得显著效果。

特色学校创建工作为不同类型的学校创造发展机遇，创生了优质教育资源，既强化了如石门中学、南海实验小学等优质学校办学质量，为诸如狮山高级中学、民乐小学、联安小学等薄弱学校提供发展平台，同时也促进了南海外国语学校、绿欣小学等新建学校的高速发展，推动学校打造优质教育项目，惠及师生，区域基础教育整体优质均衡水平不断提升。

通过特色学校创建工作，南海建成了理念、学术、德育、心理、科技、体育、艺术等类型特色学校，形成了"一校一特色"的格局，如民乐小学的体艺特色、联安小学的"叙事德育"、华南师范大学附属小学南海学校的"君子教育"、石门高级中学和九江镇中的"科技教育"、许海中学的"心理教育"、艺术高中的艺术特色、狮山高中的体育特色、石门中学的"朴素教育"、华南师范大学附属中学南海学校的"劳动教育"、南海外国语学校的"新六艺"教育等。特色学校建设成果2项获国家教学成果二等奖，9项获广东省教育教学成果一等奖。

校长队伍教育教学理念在特色创建中持续更新，带动了学校办学质量的提升，目前全区名校长工作室有10个。同时，也推进了课程、师资、教学等资源的共享，促进了教师队伍在教育教学、科研、课程开发等方面的能力发展。目前，全区各级各类名师有1515人。

　　特色办学为学生潜能的开发提供了契机，促进学生特长发展，帮助学生获得全面而有个性的发展。2020年，我区优秀学子参加信息、生物、化学、物理等学科奥赛，其中获得广东省一等奖的有29人，获全国银牌3枚。在特色发展的推动下，近年来，南海区在高考艺术特长生方面成绩斐然。2020年，赖沛东、唐苑容两名南海学子分别获得高考体育类、艺术类合成总分全省第一，南海被中央音乐学院、中央美术学院、中国传媒大学、北京体育大学等国内知名体艺院校录取的学生达三百余人。2019年，狮山高级中学李贺等7名学生入选中国代表队，参加世界中学生田径锦标赛，获得3金3银2铜的好成绩。九江镇中获世界科技类竞赛冠军、金奖16次。民乐小学学生18次登上中央电视台，3次登上央视春晚。

　　区域特色学校创建推进经验在华南师范大学、广东省教育研究院、广东第二师范学院、肇庆学院等学术平台，以及广东东莞、湛江、云浮、梅州等市，重庆，湖南益阳，山东滨州，浙江宁波，四川成都等地进行宣讲交流，相互学习优秀经验，提升了南海的对外影响力。重庆、广东东莞、云浮、四川成都及凉山彝族自治州、新疆喀什等地成为成果实践检验地区。

　　2020年主办新时代全国特色学校建设研讨会，来自广东、北京、上海、重庆、河南、浙江、天津等地的400余名代表与会，南海作了《以特色学校创建推进区域教育优质均衡发展》主会场报告。南海多所学校在中国教育发展战略学会区域教育专业委员会2020年年会暨广东佛山南海教育改革发展现场会上进行特色创建的宣讲推广。38所学校由《广东教育》向全省推广，多所学校被《中国教育报》向全国推广，10余个项目参加第五届中国教育创新成果公益博览会。中央电视台、学习强国、人民日报、新华网、人民教育、南方网、广东电视台、南方日报等媒体多次报道南海区区域推进特色学校建设实践以及区域内学校创建特色经验，教育部基础教育课程教材发展中心主任、课程教材研究所所长田慧生肯定了南海区"以特色学校建设推进区域基础教育优质均衡发展"的实践探索以及南海一批特色学校所取得的成效。当代教育名家宋乃庆教授表示，南海区特色学校创建工作是"新时代特色学校发展促进区域教育优质发展的示范和榜样"。2021年，《广东教育》以《特色学校创建的"南海范式"》向全省推广南海特色学校创建经验。

第二节 反思与展望

一、重视评价引导，推动特色学校建设过程性评价

评价体系在特色学校创建过程中是较为薄弱的环节，由于特色学校建设缺乏科学、可操作的评价模型与工具，导致对特色学校建设缺乏科学的依据与导向。南海区在特色学校创建过程中，形成了行政、专家团队和质量监测三位一体的特色学校建设评价方案，从建设规范、建设过程和建设成效上进行质量把控与指导，确保特色学校建设的实用性与高效性。但是，当前的评价方案尚没有形成科学的评价模型，缺乏评价指标体系与量表的指定，导致评价存在一定的主观性。

在未来的实践中，应当探索特色学校建设的操作性定义，开展调研，初步构建特色学校建设的评价模型，广泛征求意见，修订评价模型，构建特色学校建设的评价指标体系，并对指标体系进行系统诠释，开发评价量表，形成特色学校建设的评价体系。

二、丰富特色学校建设路径，持续稳步推进教育优质均衡

当前，南海区在特色学校创建过程中，已形成"理念牵引，系统打造""项目驱动，以点带面""靶向设计，统筹发展""嫁接迁移，创新发展"四条路径。然而，随着社会对教育的需求不断扩大、教育形态的变化（如智能化、信息化，以及学习方式和评价方式的变革）、新型学校的出现，目前的路径可能难以适应所有学校的特色创建。

在未来，应当积极关注教育形势的变化，结合南海区发展实际，把握教育发展趋势，进一步丰富现有创建路径。

三、扩大成果影响力，彰显特色学校品牌

南海区已涌现出一批富有成效的特色学校，这些学校积累了丰富的实践经验。但由于缺乏深度提炼，特色学校的彰显度和辐射力有待提高。因此，在指导学校开展特色学校创建过程中，区域应重视对学校特色建设成果的培育与提炼，通过搭建平台、引入资源，加强区域间、校际间的交流。同时，提高成果推广意识，对外输出优秀的特色学校创建实践成果，彰显南海特色学校建设的品牌。